智慧图书馆建设与阅读服务创新

高 翔 著

吉林人民出版社

图书在版编目（CIP）数据

智慧图书馆建设与阅读服务创新 / 高翔著 . -- 长春 :
吉林人民出版社 , 2022.10
ISBN 978-7-206-19619-5

Ⅰ . ①智… Ⅱ . ①高… Ⅲ . ①数字图书馆 – 图书馆工
作 – 研究②数字图书馆 – 图书馆服务 – 研究 Ⅳ .
① G250.76

中国版本图书馆 CIP 数据核字 (2022) 第 255298 号

责任编辑：方春红
装帧设计：古　利

智慧图书馆建设与阅读服务创新
ZHIHUI TUSHUGUAN JIANSHE YU YUEDU FUWU CHUANGXIN

著　　者：高　翔
出版发行：吉林人民出版社（长春市人民大街 7548 号 邮政编码：130022）
咨询电话：0431-85378007
印　　刷：长春市昌信电脑图文制作有限公司
开　　本：787mm × 1092 mm　　1/16
印　　张：7.25　　字　　数：110 千字
标准书号：ISBN 978-7-206-19619-5
版　　次：2023 年 5 月第 1 版　　印　　次：2023 年 5 月第 1 次印刷
定　　价：60.00 元

如发现印装质量问题，影响阅读，请与出版社联系调换。

前　言

21世纪以来，图书馆事业进入了快速发展的新时代，技术在图书馆建设中所扮演的角色日益重要，技术与图书馆的联系日益密切。新技术正在变革传统的图书馆岗位，使图书馆建设发展的速度逐渐加快。探索新的技术，确保图书馆拥有更高的发展水平与服务水平，这是未来图书馆建设的一个重点。在智能技术发展到一定的阶段，与物流行业、交通行业的联系日益紧密的同时，图书馆人以越来越敏锐的眼光捕捉到了图书馆对不同技术应用的内在价值的需求，也在建设图书馆的过程中有效应用了无线射频识别（Radio Frequency IdentifIcation,RFID）等技术，确保智能图书馆建设迈上新台阶。其发展的形式不断更新，智慧图书馆建设取得了较大的成果。

智慧图书馆具有多方面的特色，其中智能化、网络化以及数字化是主要特征，高效化、便民化也是发展的趋势。智慧图书馆追求的是绿色发展，它要求更好地实现数字惠民的基本目标，也是现代图书馆建设的一个重要理念。智慧图书馆顺应时代发展趋势而出现，也从侧面表现出图书馆理论的日益完善，也是科学技术与图书馆学发展相互作用的最佳体现。面对这一理论背景，智慧图书馆不断成熟，顺应了智能化时代建设的基本诉求，也与信息化社会发展的成果相适应。这必然带动智慧图书馆理论的深化发展，也必然提升其发展的质量。智慧图书馆建设在日益完善的同时，其服务功能也变得更为多元。它把资源、管理、服务、技术以及读者等结合起来，打造智能化的发展渠道，确保图书馆服务质量的稳步提升。智慧图书馆建设能够提升公共文化服务品质，增强综合竞争力，优化外部环境，吸引投资。同时，智慧图书馆能够让公众视野得到拓展。智慧图书馆发展有着其特定的模式，也必然会让更多的读者拥有更为自由的阅读环境，确保他们能够在有限的时间内，利用更多的资源提升自我。这对于图书馆建设必然产生一种强有力的推动作用，将会带动其持续转型升级。

扩大智慧阅读的影响力，是通过系统判断、总体感知阅读者的自我阅读诉求，明确推广的目标，优化具体的阅读方式，将更多的阅读资源传递给读者。同时，利用动态跟踪、现场监控、详情记录等方式，更好地实现个性化目标，持续扩大支持力度等。在对图书馆阅读进行推广的过程中，智慧技术的使用使得所创设的环境更具智能性，能够提升阅读体系的完善化效果，这对于读者而言尤为关键。特别是在当下智能化设备琳琅满目、人们在智能化设备应用越来越多的情况下，智能技术在图书馆和读者之间架起了沟通的桥梁，也增强了两者之间的交互性，保证了读者能够获取到多种多样有用的信息资源，构建了更为高质量的阅读环境，能够引导读者更多地参与阅读活动。

阅读服务和智慧技术之间的联系日益紧密，两者的融合程度越来越高。对于图书馆而言，必须要改变传统的服务模式，由单一走向多元。通过智能技术确保信息之间的交互性不断增强，更好地推动服务形式、服务品质、服务效果、服务体系的总体革新，更好地创建更高品质的服务平台。

鉴于此，笔者撰写了《智慧图书馆建设与阅读服务创新》一书。本书共五章。第一章对智慧图书馆进行综合论述，第二章阐述了智慧图书馆建设的基础理论，第三章论述了基于用户体验的智慧图书馆建设创新，第四章剖析了智慧图书馆阅读服务的基础理论，第五章探究了智慧图书馆阅读服务创新实践路径。

笔者在撰写本书的过程中，借鉴了许多专家和学者的研究成果，在此表示衷心的感谢。本书研究的课题涉及的内容十分宽泛，尽管笔者在写作过程中力求完美，但仍难免存在疏漏，恳请各位专家批评指正。

目　录

第一章　智慧图书馆综述

第一节　智慧图书馆的概念与形成原因

21世纪以来，随着图书馆学理论的深入发展和信息技术的迭代升级，智慧图书馆应运而生，它是时代发展变迁背景下所产生的一个崭新概念。学界对其不断探索，为其建设发展奠定了扎实的理论根基。实践中，智慧图书馆的概念内涵不断得到丰富。不管是国外图书馆，还是国内图书馆，都以智慧图书馆建设为根本目标，深入开展各种类型的实践活动。随着长期的理论积淀和实践摸索，图书馆业更加认识到了发展智慧图书馆的必要性，相关的认知也在不断深化。在本章中，笔者对国内外学者关于智慧图书馆的研究结论进行了系统梳理，了解智慧图书馆建设在理论方面存在的不足，也从实践的角度分析了其取得的成就。这些都为智慧图书馆建设提供了强有力的理论支持与实践基础。

一、智慧图书馆概念的产生

2003年，智慧图书馆的概念首次被提出，但当时尚不具备系统性。从全面、系统的角度对智慧图书馆进行研究可以追溯到2009年，在智慧图书馆的概念提出之前，学者们还提出了智慧星球等相关概念。从本质上来说，图书馆学原生概念之中并不包括智慧图书馆的概念。从概念产生的时间角度，笔者深入分析了下述三个概念之间的内在逻辑，也了解了它们的具体内涵，进而深化了对智慧图书馆的认知。

(一) 智慧星球

2008年，身为IBM董事长的塞缪尔（Samuel）在进行公开演讲时首次明确提出“智慧星球”这一概念，并对其进行了系统的阐述。这一概念的关键是突出了高效发展、绿色发展的重要性，同时对于可持续发展予以了高度的关注。

技术的发展总是处于不断深化的过程之中。人类社会形成了更加完备的组织系统，相应的产业体系也越来越向着仪器化的方向加速发展，智能化发展越来越成熟，互联化的趋势变得更为明显。在此技术之上，“智慧星球”能够更好地帮助政府部门、社会组织、商业组织等通过挖掘智能系统的价值，促进经济发展，提升发展效率。同时，也能够挖掘发展的潜力，实现可持续的目标。2010年，塞缪尔在另一次演讲“智慧十年”中再次深入阐释了“智慧星球”内涵的丰富性。“智慧星球”指各种服务性的流程中都有智能化的身影，不管是最初的设想，还是中期的制造，抑或是后期的交易，无论是电子设备、货币，还是劳动力，都与数十亿人的生活、工作等有着密切的联系。

（二）智慧城市

2010年，IBM在其公司的业务报告中首次提出了“智慧城市”的概念，这一概念由此诞生。在探讨怎样完善城市功能的过程中，“智慧城市”这一概念常常被广泛应用，认为通过发展“人才经济”能确保居民拥有更高的生活品质。鉴于智慧城市的具体内涵总是处于不断变化当中，因此学界对其尚未形成一致的看法。IBM公司认为，智慧城市指的是对新科技进行认识，了解其所产生的诸多影响，确保其服务水平不断提升，运作效率变得更高，服务品质持续增强。与传统城市相比，它的智慧性更强。

（三）智慧图书馆

艾托拉（Aittola）早在2003年就对智慧图书馆这个概念进行了阐释，然而，由于当时的技术十分有限，导致开展深入研究存在诸多的困难，所以没有给学界带来多大的影响。2010年，严栋在其文章中阐释了物联网背景下智慧图书馆建设的具体路径，他也是国内较早深入研究智慧图书馆的学者之一。严栋立足于感知的维度，阐释了智慧图书馆的内涵，让更多的学者开始关注智慧图书馆，这与IBM研究智慧概念的时间距离较近。在这之后，国内外研究智慧图书馆成为一种趋势，也逐渐向着规模化的方向发展。王世伟在此基础上对智慧图书馆的研究进一步细化，将其解释为：智慧图书馆作为一种崭新的图书馆模式，在书与书、书与人、人与人之间建立了紧密的联系，它最大的特点就在于智能化、集群化。[①]储节旺[②]、曾子明[③]则着眼于建设、服务的维度，进一步推动了智慧图书馆研究的深化。

刘炜、赵冬梅[④]的研究较具代表性。他们指出，智慧图书馆具体指的是：综合运用多元化技术，可以以自动化形式提供更高品质的图书馆服务，在很多方面要优于图书馆工作者提供的服务，如此一来，图书馆就可以被看作智慧图书馆。刘一鸣、张立[⑤]强调，智慧图书馆利用新的技术、服务、形式、模式等，在图书馆、用户个体以及书籍之间建立了紧密的联系，更好地满足用户的诉求，实现从业者的自我价值。从业者对智慧图书馆进行维护，以确保智慧与知识能够在这个复杂的系统当中不断循环充溢。智慧图书馆是围绕自身进行知识效能开发，赋能图书馆的一个智慧化平台。

目前，相关的理论研究才刚刚开始。因此，图书馆界对智慧图书馆的认识并未形成一致的看法。

从时间维度而言，尽管智慧图书馆概念提出较早，然而，在此概念之后，又出现了智慧星球、智慧城市等不同的概念，它们的影响都是极为深刻的。可以说，早期突出的是移动服务，随后逐渐演化为互通的全面化服务。换言之，智慧图书馆在可持续发展、高效化发展方面的趋势更为明显。三者有着共同的特点，那就是在资源与人之间建立了紧密的联系，其功能也在不断优化。它们的技术基础是极为相似的——建立在物联网以及人工智能的基础上。此外，三者之间也是彼此包含的：智慧星球的概念当中包含了智慧城市，城市是打造智慧星球的重要因素。而城市当中，图书馆是一个关键的组成部分。假如要建立完善的智慧城市机制，需要确保城市机构向着智能化方向发展。因此，发展智慧城市，需要打造智慧图书馆，将这一基础筑牢。

① 王世伟．未来图书馆的新模式——智慧图书馆［J］．图书馆建设，2011(12)：1-5.

② 储节旺，李安．智慧图书馆的建设及其对技术和馆员的要求［J］．图书情报工作，2015，59(15)：27-34.

③ 曾子明，金鹏．智慧图书馆个性化推荐服务体系及模式研究［J］．图书馆杂志，2015，34(12)：16-22.

④ 刘炜，赵冬梅．图书馆智慧空间建设：概念、演变、评价与设计［J］．图书情报工作，2022，66(01)：122-130.

⑤ 刘一鸣，张立．我国智慧图书馆的身份定位与价值抉择［J］．兰台世界，2022(07)：107-110+113.

可以说，目前的智慧图书馆的内涵是建立在智慧城市、智慧星球概念的基础之上的，它也是图书馆界与智慧城市、智慧星球相结合的完美体现。

二、智慧图书馆概念的界定

关于智慧图书馆的内涵，学者们尚未形成一致的看法，而是着眼于各自的研究，对其进行了不同的阐释。

着眼于感知计算这一维度，严栋强调，利用云计算、物联网、电子设备，确保图书馆运作更具智慧性。王世伟在智慧图书馆研究方面做出了不懈的探索，他在2011年所举办的图书馆年会上进行了演讲，并强调指出，智慧图书馆建设有着强大的信息基础，数字化、智能化、电子化都是其中的代表。物与人的互联为智慧图书馆建设提供了有力的支撑。[①] 智慧图书馆的核心就在于为读者提供便捷服务、遵循人的发展、和谐环保发展等，这些都是其灵魂所在。

从智能建筑的维度而言，陈鸿鹄[②] 指出，在智能技术的基础上，智慧城市不断进行图书馆建设，确保所建设的图书馆具有高度的自动化特点，推进智能化建筑的实现。从人文角度而言，李凯旋[③] 则认为，智慧图书馆是建立在智能技术的基础之上的，利用具有更高素质、更专业技能的从业者，发挥智能化设备的优势，将可以利用的资源利用起来，让读者享受更加高质量的服务。同时，他也强调要引导智慧馆员建立崭新模式的图书馆。从服务用户维度而言，董晓霞[④]、韩丽[⑤] 等认为是将智能技术和数字图书馆相结合，满足用户的多元化诉求，提供智慧化服务，这一服务比数字化服务的水平更高。

综合上述分析，智慧图书馆的内涵究竟是什么？在笔者看来，智慧图书馆依托于大数据、物联网、云计算、移动通信等技术，是对数字图书馆的优化升级；它不单单以物理基础设施为根基，也利用了全媒体资源的优势，其目的在于更好地满足智慧化服务的诉求。通过信息技术、互联网技术等

---

① 王世伟．未来图书馆的新模式——智慧图书馆［J］．图书馆建设，2011(12):1-5.
② 陈鸿鹄．智能图书馆设计思想及结构初探［J］．现代情报，2006(01)：116-118.
③ 李凯旋．人文视角下“智慧图书馆”定义的再思考［J］．图书馆界，2013(06)：14-16.
④ 董晓霞，龚向阳，张若林等．智慧图书馆的定义、设计以及实现［J］．现代图书情报技术，2011(02)：76-80.
⑤ 韩丽．物联网环境下智慧图书馆的特点、发展现状及前景展望［J］．现代情报，2012，32(05)：48-50+54.

建设智能化队伍，更好地实现资源共享目标。因此，它是一种崭新的图书馆形态。

上述定义使得智慧图书馆的理论不断完善。然而，它们更多着眼于智能技术、智慧服务、智能建筑等多个方面，存在较大的局限性。在笔者看来，智慧图书馆建设有着明确的核心，那就是信息资源。能力较强的从业者能够与用户之间建立起较强的协同性，再利用新的技术，则能不断推动信息的个性化建设，提高服务的智能化水平。从这一意义而言，它代表了更成熟的数字图书馆技术，将服务、管理、资源、人才、技术等融为一体，具有明显的集体智慧化特征。

三、智慧图书馆的形成原因

(一) 理论引导

从图书馆学产生之后，其发展的程度不断深化，传统的研究内容不断革新，研究的方式也更为多元。管理人员开始深入探索图书馆发展的内在规律，也对其本质特征有了深入的了解。从历史发展的过程中，学界归纳出了系统性极强的理论。图书馆学是一个开放的学科体系，它不是故步自封的。为了更好地适应复杂多变的外部环境，相关的指导性理论也日益完善，不断延伸。在技术的支持下，图书馆业发生了明显革新，这些也为图书馆学提供了崭新的探索方向。目前，综合性发展成为不可逆转的趋势。图书馆学自身具有较强的实用性，它和其他学科不断融合，彼此交互，理论研究不断深化。在时代的潮流中，智慧图书馆建设取得了丰硕的成果，其自身的理论体系日益完善。这也是信息技术与图书馆学不断交互所取得的成果。

(二) 技术驱动

第三次科技革命对人的影响是巨大的，它不仅极大地提升了传统产业的效能，也带来了新技术的发展和成熟，计算机技术、原子能、空间技术等都得到了较快的发展。在这期间，以计算机、互联网为基础的通信技术得到了更快的发展，它们日益成熟，也打破了时间、空间所带来的多方面局限，让“地球村”建设的步伐更快。进入21世纪，更多的技术成果受到人们的关注，让人们对于科技有了崭新的认识。随着各种技术的快速发展，图书馆业也受到明显的影响，在工作理念方面不断自我革新。同时，多种新技术也让图书馆工作形式发生了前所未有的变革。从传统图书馆发展到当下的智慧图书馆，多种技术不断优化完善，从原有的纸质状态发展为电子版本，其孤立程度有所减弱，开放性特征日益明显。智慧图书馆能够不断深入发展，恰恰得益于无人化设备应用空间的不断拓展。在这一技术的基础上，图书馆业获得了崭新的发展空间，迎来了发展的又一个“高潮”。

（三）社会需求

20 世纪 80 年代之后，我国经济迈入了高速发展时期，人民生活水平大幅度提升。我国社会的主要矛盾已经发生了变化，人民日益增长的美好生活需要和不平衡不充分的发展之间的矛盾更为凸显。人们的物质生活得到极大的满足，文化素质大幅度提高。图书馆的主要任务是更好地满足人们多元化的文化需求。人民群众对于图书馆的诉求也更为多元，不单单满足于读书看报，而是通过图书馆来答疑解惑，掌握更具价值的信息资源，更好地促进自身发展。此外，多种类型的用户对图书馆的诉求也明显不同。比如，师生利用图书馆满足学习的诉求；家长需要借助图书馆这一平台引导学生参与各种类型、各种新的学习活动；中老年借助图书馆掌握现代化的技术，更好地与时代接轨。因此，对于传统的图书馆而言，它们已经很难满足用户多种多样的阅读需求。鉴于这一状况，图书馆要不断创新，从自身的角度思考未来的变革之路。这样的图书馆才能够更好地满足用户需要，担负起它们的职责，也将图书馆的功效真正发挥出来。

第二节　智慧图书馆的构成与功能

一、智慧图书馆的构成

（一）服务

智慧图书馆最大的特点就在于它能更好地服务读者，与用户的需要精准对接，获得相应的感知力。这一类型的服务是在最佳的时间，选择最科学的方式，确保用户享受到的资源与其诉求之间是完全契合的。这一模式在运作的过程中呈现出较强的交互性，也极具个性化特点。

技术环境的智能化程度较高，自动化特点也尤为显著。用户无须一字一句输入相应的指令，就能够把不同的信息聚集在一起，对于所处的互联网空间进行感知，深入分析其背后的资源诉求，有针对性地展开互动，进而不断推进图书馆服务品质的提升。当下，一些智慧图书馆已经做到了把不同区域、不同类型的文献有机结合起来，使其串联性更高，确保不同的虚拟空间能够在各个用户之间进行流动，更好地与图书馆终端联系起来。此外，智慧图书馆还能结合不同用户的诉求进行空间的利用，提出一些具有针对性的意见，更好地促进信息资源之间的共享。当下，智慧图书馆服务较之前发生了明显的变化，它越来越追求挖掘用户的资源检索能力，确保能够对不同的智慧设备进行应用，让用户能够完善自我理论架构，打造更具系统性、综合性的信息能力与素质。

（二）管理

从管理的角度而言，智慧图书馆在物、人以及数据之间建立了多维交互的关系。智慧图书馆建立在多种数据的基础之上，能够对图书馆的日常运维提出一些调整的建议，也能够周期性地进行意见反馈，实时展开评估，确保服务质量更优、决策效果更强，最终实现预期的目标。比如，无论是在决策的过程中，还是在自动化管理的过程中，用户都会参与其中。对图书馆大数据进行分析，是对智慧图书馆最为直接的表述。这种管理关键在于能够把包括机构、使用者以及馆员在内的主体有机联系起来，强化信息的交互，不断进行互动和交流，进而形成更具通用价值的研究方式，打造精湛的业务工作能力。这一管理模式能够促进图书馆对用户获取的各种信息进行不断完善，确保公共服务的质量更高，这也能够让图书馆更好地完成本职工作。同时，能有效发挥管理层的作用，发挥图书馆在信息资源方面的优势，将包括多维信息、用户、相关机构在内的信息系统有效结合起来。这样一来，传统的信息孤立、管理失序的局面被打破，决策的科学性也会明显提升。

(三) 馆员

图书馆总是在不断地变革。在新的时代背景下，智慧图书馆应运而生，它是一种崭新的发展形态。因此，馆员也需要进行自我发展与自我能力的提升，这是图书馆建设的重要组成部分。约翰逊（Johnson）强调，“在智慧图书馆之外，其他一切个体都无法创造出智慧图书馆[①]”。因此，在这一综合体当中，馆员是不可或缺的组织要素。图书馆与我们传统意义上所理解的生产活动、工厂等有着根本的差别。在这里，我们能够进行信息的交换。图书馆不单单有书本、期刊和数据库，更是一种宝贵的资源，而这一资源背后所蕴含的则是社会的基本思维、道德底线以及法律知识……要想破解上述问题，仅仅利用技术是无法解决的。因此，从智慧图书馆发展的整个过程来看，馆员扮演的角色是极其重要的，他们为图书馆其他职能的实现提供了重要的根基。当下，更多能力较强、综合素质较高的馆员都在智慧图书馆建设中扮演着重要的角色，成为图书馆队伍当中的一员。这些馆员为智慧图书馆建设提供了强劲的活力，也有效规避了重复建设等相关问题的出现。这些都能够为图书馆发展与建设注入浓厚的人文情怀。

二、智慧图书馆的功能

智慧图书馆具有多种功能，这些功能与其基本定义、主要特征等有着紧密的联系。智慧图书馆功能包括下述方面：其一，图书馆管理功能。随着智慧图书馆的建设发展，它能够打造一种崭新的管理模式；其二，图书馆服务功能。在服务的过程中，智慧图书馆重视的是个性化、针对性服务，其智能化水平较高；其三，空间的智慧化。它为图书馆建设提供了相应的平台，使图书馆发挥更为重要的物理承载作用。

(一) 智慧图书馆的“智慧管理”功能

“物联网指的是利用传感技术、定位技术、扫描设备以及智能嵌入技术等，依照协议的相关内容，在互联网和物品之间建立紧密的联系，能够更好

① [美]伊安·约翰逊，陈旭炎. 智慧城市、智慧图书馆与智慧图书馆员[J]. 图书馆杂志，2013，32(01)：4-7.

地识别物品，对信息进行交换和处理，实现对于物和物之间的识别、判定、跟踪、研究以及管理的网络形态。”综合而言，物联网的实质就是“不同物体之间的相互联系”。要想更好地实现智慧图书馆的智慧管理，就必须借助物联网。细化而言，智慧管理主要指的是对图书、个体、资产等不同方面的管理。

1. 对人的智慧管理

对人的智慧管理主要针对的是对用户以及对馆员的管理。在进行人员管理时，需要利用身份识别技术提升管理的质量与效率。比如，不管是图书馆的用户，还是图书馆的馆员，都需要办理一张卡片。在这张卡片之中，有个人的基本信息。人们可以选择将卡片以内置的方式存储在手机之中。这个卡片具有多种多样的功能，包括图书馆书籍的借阅、校园超市购物、校园门禁卡等。图书馆可以在入馆处安装能够识别卡片的感应装置，这个装置是和图书馆管理系统直接相连的。用户将自己的卡片放置在相应的感应位置，感应器就能够自动将其识别并打开门。传感器在此时会将该用户的信息录入并利用数据传导到管理系统之中。管理系统能够自动对人员的进出信息进行统计，同时还能记录他们的入馆时间以及出馆时间。由于感应器数量较多，所以，任何人进入图书馆都能够通过系统调取其个人信息。这一系统方便了对图书馆人员流动的管理，也能够把各种详细的信息记录下来，管理者在需要时能够随时进行信息的获取。

2. 对图书的智慧管理

在实施图书智慧管理的过程中，要通过无线射频以及芯片植入的方式来更好地实现。比如，传统模式下图书的分类需要依照相应的图书分类法，通过人工的方式对书架进行整理，以便读者查找。由于高校师生数量较多，需要借阅的书籍数量也不少，所以，图书馆工作人员每天上班的第一件事就是整理书架，工作负担明显加重。此外，图书很难在较短的时间内快速流通。然而，利用芯片技术能够确保管理更加智能化。这一技术在多个方面具有优势。其一，芯片植入使得信息编辑工作变得更为简单。其二，在对图书进行清点时，只需要对照相应的图书数码进行扫描即可，关于该书的信息立即就会全部呈现出来。利用这一技术，之前十分复杂的工作在更短的时间内就能够高效率完成。其三，读者在查找书籍时更加快捷。传统模式下，查找书籍首先需要明确检索书号，然后找到对应的书架才能找到相应的书籍。新技术背景下，用户能够通过设备查找的方式，快速定位自己需要的书籍。其四，用户能够查找到有关自己需要的书籍的基本信息、当前状态、馆藏情况等，然后定位具体的书籍位置。其五，馆员能够在最短的时间内把书籍归位。开放式借阅环境中，书籍会变得较为混乱。馆员需要不断整理书架。智慧图书馆背景下，用户只需要将自己要找的书名输入进去，然后通过号码进行检索，对照书籍扫描即可。发现书籍存在排序错误时，手中的警报器就会响起。如此一来，查找工作更为简单。同时，也能够最大化避免乱架问题的出现。在确保工作有序进行的同时，顺架工作也得以完成，书架整理的效率明显提高。

（二）智慧图书馆的智慧服务功能

智慧服务可以细化为两种：一种是一般性服务，一种是深度服务。前者主要指的是一些具有基础性的服务，包括书籍借阅、书籍归还、空间交流、师生研讨等；后者则主要指的是图书馆工作者利用专业化知识，结合智慧图书馆用户的多种诉求提供的一些服务，主要包括咨询服务、知识服务以及情报服务等。关于深度服务，后续章节有详细的介绍。本节主要就一般性服务来展开研究。

具体而言，一般性服务包括以下两种。

1. 智慧型的借还书服务

传统模式下，书籍的借阅与归还要人工进行操作，也就是需要到指定的区域进行书籍的借阅与归还。智慧图书馆背景下，自主借阅成为潮流。比如，利用自助借阅系统，读者将芯片对准相应的书籍借阅与书籍归还区域，系统能够对其进行扫描，在系统确认之后就能够完成书籍借阅与归还的工作。在借书或者还书完成之后，用户还可以点开相应的按钮，将此次凭条打印出来，而馆藏信息也会随之而更新。下一位预约借书的用户就能够获取图书信息。自助借阅与还书机器是全天可操作的，没有时间的限制，这使得书籍流通的效率明显提升。借阅变得更为简化，不仅为读者提供了便利快捷的服务，还减轻了图书馆工作人员的工作量，使图书馆服务的质量不断得到提升。

2. 智慧型的空间服务

空间服务更多的是针对图书馆阅览室而言的，一些设有自习室的图书馆也有相应的服务。在进行图书馆空间管理时，引入智能占座系统是极为有效的一种管理方式。比如，智能占座系统具体流程为：读者可以把卡片放在相应的区域，屏幕上就会有不同的选项，一个为“常坐座位”，另一个为“本次选位”。在确定好位置之后，假如有打印的需要，机器就会打印出一张座位票，上面明确显示了用户的基本信息、具体位置、代码、卡号等。在离开图书馆时，需要再次刷卡。用户也可以选择“暂离”，按下这一按钮之后，这个座位将会保留一定的时长，具体的时长可以进行设定。最近几年，5G网络发展迅速，通过手机进行操作就可以占座，用户无须出户就能够在线选座。此外，这一系统能够进行规则设定，避免出现一些不符合规定的行为。这样不仅便于进行图书馆管理，也能够为用户拓展图书馆空间，为他们提供便利。

智慧图书馆有着较强的互联性、立体性，它不仅能够更好地连接物和人、物和物，尤为重要的是，能够提供更深层次的多元化服务，拓宽服务领域，增强服务效能。这样不仅能够提供更多的帮助，也能够确保智慧管理更为高效，这也是智慧图书馆最大的特征。比如，日本某图书馆利用相应的传感器，能够对馆内的温度进行调节，除能更好地满足用户对于阅读环境的需要之外，也能够更好地节约用电。①

第三节　智慧图书馆的架构与系统

一、智慧图书馆的基本架构

大学图书馆用户主体是全校师生。此外，还有可能为校外用户提供信息服务。高校智慧图书馆的框架根据其定位，可分为技术层、系统层、数据层、资源层、感知层、应用层和服务层。具体分析如下。

---

① 王华．智慧图书馆核心技术解构与展望［J］．科技情报开发与经济，2015，25（19）：13-14+17.

(一) 智慧图书馆的系统层

1. 技术层

技术层为智慧图书馆提供技术支持，是组成系统层的技术来源。主要包括互联网技术、物联网技术、云计算技术、大数据技术、资源整合技术、社交网络技术和移动通信技术。

2. 系统层

系统层为智慧图书馆各类应用提供基础支撑的保障系统，所有的应用服务均需通过系统层来实现。主要包括数据管理层、数据分析层、统一认证系统、移动图书馆、信息共享系统和数据库系统。

3. 感知层

感知层为智慧图书馆运行提供基础数据采集和环境感知服务，主要包括 RFID 感知、二维码认证、声音感知、光度感知、温度感知、湿度感知、烟雾感知和智能定位。感知层是智慧图书馆的“神经系统”，能够及时地反馈外界数据，以帮助智慧图书馆及时地根据外界变化而做出反应。

(二) 智慧图书馆的资源层

为智慧图书馆提供内容资源，是组成智慧图书馆的“血液和肌肉”。

1. 数据层

数据层提供智慧图书馆所需的各种数据，包括原生数据 (图书馆原有的或购买的数据) 和再生数据 (图书馆各个主体在使用图书馆过程中产生的数据)，主要有馆藏结构化数据、馆藏非结构化数据、馆外资源数据、用户行为数据、管理行为数据和感知系统数据。

2. 资源层

资源层提供用户所需的各种资源，是智慧图书馆信息资源的主体。包括馆藏印本资源、馆藏数字资源、数据库资源、馆外信息资源、多媒体资源和数据资源 (学术数据资源)。

(三) 智慧图书馆的应用服务层

应用服务层主要面向图书馆的管理和应用主体，是实现智慧图书馆价值最主要的平台。

（1）应用层是智慧图书馆各项应用的承载系统，智慧图书馆的价值主要靠应用层来实现。包括智慧感知系统、智慧资源系统、智慧管理系统、智慧学习系统、智慧馆员系统、智慧社交系统和智慧服务系统。

（2）服务层是智慧图书馆的终端，即智慧图书馆的核心价值所在。主要包括两方面：一是参与主体，主要有图书馆馆员、图书馆管理者、校内用户、校外用户与合作客户；二是服务平台和终端，主要包括内网平台、互联网平台、移动应用平台和智能显示平台。图书馆虽然是公益机构，但现代图书馆特别是大学图书馆也有一些面向用户深度需求的服务，特别是面向系统外用户的深度知识服务。另外，智慧图书馆也会有合作客户。

二、智慧图书馆应用系统建设

应用系统是图书馆的窗口，是直接面向一线服务的平台，是满足智慧图书馆参与主体的应用需求和支撑智慧图书馆各项业务开展的重要保障。智慧图书馆的应用系统应当传承数字图书馆、虚拟图书馆等原有的系统，又应当在技术创新和服务创新的基础上发展新系统、新模式。

（一）智慧感知系统

智慧感知系统是智慧图书馆的基础应用系统，通过各种感知手段获得各种感知数据，并应用于实际业务的运作。它又包括图书馆运行状态感知系统和智慧环境感知系统。

1. 图书馆运行状态感知系统

利用电子显示屏、感应器、电子摄像头和互联网、移动通信网络等软硬件设备，来实时监控图书馆的运行情况，并及时传递信息和接收信息，主要包括图书馆人流量信息、读者到馆信息、图书期刊借还信息等。系统能够根据一定时间内用户使用图书馆资源和服务的信息，及时计算并做出反应，方便图书馆进行资源建设和读者服务工作的调整。

2. 智慧环境感知系统

智慧环境感知系统建立在物联网技术的基础之上，通过先进的技术来对环境进行实时监控和感知，监控覆盖多项环境指标，比如温度、湿度、声音等。系统获取环境监测数据信息后，会及时进行信息反馈，便于图书馆工作人员采取有效措施，积极应对环境变化。

光度感知系统可以获取不同区域空间光照时长数据，便于根据实际需求来合理地调整光线。想要达到更好的温度感知效果，就需要了解不同区域和场所的温度变化情况，通过温度数值的调节，来控制温度。烟雾感知系统能够实时感知目标区域内部的烟雾密度情况，可以及时发现安全隐患，避免火灾事故的发生。声音感知系统可以获取环境中的噪声参数，有利于选择合适的干预方式，避免出现严重的噪声污染。

在智慧图书馆建设的过程中，需要借助智慧环境感知系统对图书馆各个区域内相关环境指标数据进行获取，及时发现可能存在的异常情况。一旦出现异常，系统就会发出警报信息，相关负责人员就能够及时发现安全隐患，采取合理有效的措施避免安全事故的发生，大大提高图书馆的安全系数。

（二）智慧资源系统

智慧资源系统是智慧图书馆建设的关键所在，这个系统包括以下几个子系统：

1. 知识发现系统

知识发现（Knowledge Discovery in Database，KDD）在实际运行的过程中，能够根据用户的需求，从媒体表示的信息中提取所需的知识，使用者能够直接跳过原始数据，从海量信息中提取关键信息，满足使用者的需求，大大简化知识获取的环节。[①] 知识发现系统在实际应用的过程中，把不同的技术结合起来，对学术资源进行精准搜索，能够实现复杂异构数据的集成整合，进而满足使用者的需求；能够把不同的知识识别方法结合起来，从不同的维度实现知识关联，深层挖掘知识内涵。

2. 数字资源定位系统

数字资源定位系统可以为用户提供数字资源借阅终端。在数字查询智能设备上，用户可以了解数字资源实际分布特征，根据实际需求来灵活选择使用。

---

① 王悦辰．国内四大中文知识发现系统比较分析［J］．图书馆工作与研究，2015（09）：42-45.

3. 统一检索系统

统一检索系统着重利用检索平台的建设，为用户提供功能强大的知识检索平台，也能够为用户提供个性化服务，带来更加便利的服务体验，以此来获取更多的忠实客户，打造具有吸引力的个性化图书馆。统一检索系统所具备的特点有：登录方式多样化。在联网状态下，用户可以直接选择微信、QQ 等登录方式进入系统中；系统与网上书店处于互通状态；能够实现书籍借阅排行榜的实时更新，为读者提供绿色借阅通道；具备期刊推送功能。

4. 特色资源管理系统

特色资源管理系统可以对图书馆的书籍资源进行分类管理，在特色资源分类管理的基础上，充分利用现代化信息技术，对图书馆的各类资源进行规范化管理，形成特色资源服务体系。除此之外，智慧图书馆还能够利用云服务平台，提供对接服务，实现特色资源的高效共享，为特色资源的创新和延续创造条件。

（三）智慧管理系统

智慧管理系统中的使用者包括两大主体：一个是图书馆管理员，另一个则是图书馆馆员。系统的运行需要得到高新技术的支持，可以大大提高图书馆的智能管理水平，满足业务开展的需要。智慧管理系统包括以下子系统。

1. RFID 系统

无线射频识别（RFID）是通信技术的一种，能够借助该系统识别特定目标，实现数据的读写功能，省略掉机械或者光学接触环节，大大提高目标的识别精准率，是物联网构建必不可少的技术。RFID 技术在智慧图书馆建设过程中发挥着重要的作用。所使用到的 RFID 技术主要有两种：一种是高频，一种是超高频。这两种类型的 RFID 技术都存在一些缺陷和不足。高频标签在实际使用的过程中，无法远距离精确识别提取关键数据，可能发生漏读问题。超高频虽然能够在较远距离读取目标，但是无法避免跳频问题，如果超出一定的距离范围，读写精准度也会大大受到影响。从整体角度进行分析，超高频标签在图书馆建设中使用频率越来越高，主要是因为技术存在的一些难题逐渐被攻克。RFID 技术的使用还能够实现图书自助借还管理，能够大大提高图书管理效率，为借阅者带来更加便利的服务体验。RFID 系统是图书馆智慧化发展必不可少的构成部分，可以根据用户使用要求，不断实现产品和系统的优化设计，实现不同系统之间的高效关联，实现数据的高效率共享。

2. 二维码

二维码（Quick Response Code）所包含的信息多样化，不仅有文字信息、图片信息，还有声音信息等，在当前很多领域都有应用，有很好的应用前景。二维码在图书馆智慧化建设的过程中能够起到较大的作用，用途比较广泛。可以用来识别借阅者身份信息；通过扫描书籍二维码可以快速地查找到书籍在图书馆的位置，方便使用者快速找到目标图书；还可以通过扫描二维码来获取书评信息，帮助读者对书籍有一个整体的认识和了解。读者可以通过电子资源链接，借助手机终端来操作，达到更好的操作效果。二维码在读者证、员工证识别上也能发挥一定的作用，可以大大提高数据采集效率。

3. 智能定位系统

智能定位系统在建设智慧图书馆的过程中起着重要作用，能够达到良好的位置感知效果，不仅可以感知人员位置，而且可以感知馆藏、图书馆位置等。智能定位系统在实际应用中着重体现在两个方面：一个是馆内定位，一个是馆外定位。馆外定位目标的实现主要借助 GPS 技术来达成，对大数据技术以及元计算技术等都有较高的依赖性，可以根据读者所在的区域，精准地为其推荐附近距离最近的图书馆。不仅如此，在获取图书馆位置后，系统还能够提供导航服务，帮助读者顺利地到达目的地。在馆内定位系统中，主要是定位人员和馆藏资源，Wi-Fi 和 ZigBee（紫蜂）技术是馆内定位系统功能得以发挥的关键所在。尤其是 Wi-Fi 定位技术重要性更高，可以精准识别馆内人员所处的具体位置。RFID 的智能感知技术在馆藏资源定位上起到主要作用，主要是利用智能书架感知系统，获取馆藏资源的 RFID 信息，能够把这些信息实时传输到图书馆管理系统中，为读者提供更好的阅读服务体验，使读者的个性化需求得到最大限度的满足，为图书馆管理价值的实现提供技术支持。

（四）智慧学习系统

智慧学习系统是一个包括多种服务的综合教学服务支持系统，通过这个系统能够开展网上教学，提供在线教学辅导服务；学习者还可以通过该系统自由选择时间段灵活地进行网上学习；网上图书馆技能也可以通过智慧学习系统实现，网上培训、师生交流、作业布置、阶段性测试等功能都能够实现。智慧学习系统的出现改变了传统教学模式和学习模式，能够把线上教学活动和线下教学活动结合起来，大大提高学习效率。系统管理者能够对学习者的学习过程和学习效果进行检测，以此来合理地安排学习活动。

慕课（Massive Open Online Course，MOOC）是一种线上课程开发模式。智慧图书馆可以为用户提供慕课教育。智慧图书馆可以充分地利用网络学习平台，对各种学习资源进行合理高效的整合，切实满足学习者的需求。①

（五）智慧馆员系统

智慧图书馆对管理质量和管理效率的要求更高。图书馆管理员是否具备较强的管理能力，是否能够灵活地使用智慧馆员系统，会直接影响最终的管理效果。图书馆馆员要想灵活地操作智慧馆员系统，从整体上提高图书馆的服务管理水平，就要从以下几个方面加以落实：

1. 馆员工作站业务系统

馆员工作站业务系统涉及不同业务活动的开展，比如，查找核实图书信息，对馆藏资源进行盘点，汇总图书出借信息等。借助该系统可以高效地开展这些业务，在系统开发的时候，可以根据图书馆业务开展的实际情况来进行优化设计。

2. 智慧馆员培训系统

图书馆馆员能力高低直接影响智慧图书馆管理质量，需要根据智慧图书馆建设的目标，明确图书馆馆员的具体要求，有针对性地开展培训活动，不断提高馆员的专业水平和服务能力，使其能更好地服务于智慧图书馆建设。

3. 馆员任务管理系统

馆员任务管理系统在实际应用的过程中，可以根据不同的工作任务来实现分类管理，能够达到更好的动态任务管理效果，作业管理效率也能够得到明显提升。

---

① 王颖，张金磊，张宝辉．大规模网络开放课程（MOOC）典型项目特征分析及启示［J］．远程教育杂志，2013，31（04）：67-75.

4. 馆员综合管理系统

对馆员的绩效考核、考勤管理等工作，可以借助馆内综合管理系统来实现。馆员也可以通过该系统实现良好的自我管理，为各项业务活动的顺利开展提供支持。

(六) 智慧社交系统

在信息大爆炸的社会背景下，人们的生活、工作以及学习方式都发生了很大的变化。大学生群体是移动社交工具使用频率较高的群体，学生之间的社交活动形式也发生了变化，原来是以电话、短信联系为主，随着移动通信技术的发展，微信、微博等社交平台的出现，手机应用的使用也逐渐成为一种普遍现象。智慧图书馆建设需要提供较强的智慧社交功能，能够为读者提供更加便利的服务，这也是顺应社会发展的必然结果。智慧社交系统建设最为主要的目的是为读者提供能够满足其需求的服务。在建设智慧社交系统的过程中，可以着重从以下几点着手：

1. 微信服务平台

微信服务平台的建设是智慧图书馆建设发展的一个重要方向，能够提供一个重要平台，为增强图书馆和读者的交流创造条件。其功能有：读者可以通过图书馆微信平台绑定个人信息，提前进行借阅预约，大大节省排队等待的时间；可以通过图书馆微信平台来管理个人账户，及时修改、更新个人信息；可以直接借助微信平台获取电子档的文献资料；逾期没有归还图书时，可以通过微信绑定的账户直接支付逾期罚款；还可以利用微信平台预约各种讲座、节目座次等。

2. 读者评价系统

读者评价系统能够为读者提供一个良好的平台，分享阅读心得，自由评价图书信息。该系统可以借助积分管理来引导读者进行图书评价，以便管理人员及时做出相关调整。

3. 读者荐购系统

读者荐购系统能够及时获取读者反馈的信息，了解读者真实感兴趣的图书类型，对图书馆没有读者喜好的图书类型进行适当采购，确保能够满足不同读者的差异化需求。

4. 合作客户渠道

合作客户渠道能够为业务合作的开展提供便利。图书馆可以借助合作客户渠道与图书供应商、书店、文化馆等机构进行合作，拓宽业务开展渠道，对合作流程进行简化，更好地促成合作。

（七）智慧服务系统

智慧服务系统是图书馆智慧化发展所依赖的重要核心系统，在继承传统服务的基础上，能够充分利用现代化信息技术，达到更好的服务创新效果，提高整体的管理质量。智慧服务系统主要有以下几大子系统：

1. 自助服务系统

自助服务系统是智慧图书馆建设的重要内容，可以让用户根据自身的实际需求，通过自助服务设备来查找所需要的图书信息，对于图书馆服务效率的提高有很好的促进作用。自助服务系统可以提供多种服务，用户可以自助办理图书借阅证，自助打印资料，自助预约馆内座位，借助自助服务对电子资源进行高效率检索。自助服务所包含的服务项目能够根据用户需求进行优化设计。

2. 移动图书馆

移动图书馆是智慧图书馆建设的一项重要内容，主要借助先进的移动通信网络来实现。在联网状态下，能够使用多媒体技术提供图书馆多样化的服务。读者使用便携移动设备就能够灵活地进行图书信息查询、浏览，享受一站式服务，获得更好的服务体验。读者可以直接通过移动 App 访问，完成字段检索、书目查询、新书预约等一系列操作。

3. 个性化定制服务

个性化定制服务能够根据读者的兴趣、职业发展需求等为其提供定制专属服务，更好地满足读者的需求。其服务内容包括：根据读者的兴趣偏好精准地进行图书推荐；可以订阅个性化电子刊，推荐读者感兴趣的讲座等。个性化定制服务会随着读者需求的变化不断进行调整，服务内容不断增多，功能越来越强大。

第二章　智慧图书馆建设的基础理论

第一节　智慧图书馆建设目标

明确智慧图书馆建设目标有着重要的意义。在智慧图书馆建设过程中，明确建设目标能够为图书馆智慧转型发展指明方向。要在总体目标确定的基础上，划分不同的阶段性分目标，并采取一系列措施来达成发展目标，不断提高图书馆的智慧化水平，在问题导向的前提下，着重关注重点、难点问题，不断推动和完善智慧图书馆建设。

智慧图书馆发展阶段理论明确指出，图书馆存在不同的发展阶段，有初级阶段、中级阶段以及高级阶段。智慧图书馆建设发展的方向和侧重内容也存在差异。初级阶段主要实现信息服务智能化，中级阶段打造知识服务型图书馆，高级阶段打造智慧服务型图书馆。[①]

智慧图书馆建设目标提出，初级阶段要通过转型建立数字图书馆，中级阶段则是建立智慧图书馆，高级阶段的目的就是形成智慧图书馆体系。

一、总体目标：建设中国特色的智慧图书馆体系

智慧地球概念的提出在国内外学术界引起了激烈的讨论，智慧发展逐渐成为一种重要趋势，很多领域都涉及智慧发展理念。之后，智慧城市的发展理念开始在我国传播，我国智慧城市建设也逐渐拉开序幕，朝着正确的方向发展。[②]我国智慧城市建设并不是一帆风顺的，而是经历了曲折的发展历程。从最初的探索发展阶段到规范调整阶段，再到战略攻关阶段，不同阶段的发展目标存在较大差异。经过不断发展，当前我国智慧城市建设进入全新

① 柯平．关于智慧图书馆基本理论的思考［J］．国家图书馆学刊，2021，30(4)：3-13.
②《智慧图书馆探索与实践》编委会．智慧图书馆探索与实践［M］．北京：国家图书馆出版社，2021：19.

的阶段。在全面发展时期背景下，智慧社会发展为智慧城市建设指明了方向。在国家政策的支持下，各级政府也积极响应智慧城市建设政策的号召，根据所在区域经济、社会等方面的发展需求，不断推进智慧城市建设。学术界关于智慧城市建设的研究文献也不断增多，成为当前研究的重要热点课题。智慧城市战略对我国智慧图书馆建设产生了直接影响，成为智慧城市和社会建设的重要推动力量，承载着重要的使命和责任。在数字信息快速发展的背景下，数字社会建设步伐加快，智慧城市和社区建设已经成为常态，智慧化发展意识在社会中得到进一步传播。智慧图书馆是智慧公共文化服务的重要构成内容，通过建设智慧图书馆，能够探索更高效的数字中国建设渠道和路径，为战略目标的达成不断积累经验。智慧图书馆建设需要与国家总体战略保持高度一致，能够把智慧城市建设发展作为重要导向，充分利用各种现代化信息技术，为图书馆建设事业的发展贡献力量，也能为智慧城市建设提供动力。

智慧图书馆是图书馆建设发展过程中的一个高级阶段。从本质内涵上来看，智慧图书馆建设始终没有脱离以人为本的服务理念和宗旨，借助先进的技术，来更好地保障公民文化权益，从整体上提高国民素质，为社会文明发展提供源源不断的动力，同时也在发展过程中为人类文明的传播发展提供了媒介，有利于扩大中华民族文化的影响力，促进形成民族自信和文化自信。打造具有中国特色的智慧图书馆体系，能够探索更加高效的发展模式，使我国图书馆业逐渐缩小与国际图书馆业的差距，打造国际化智慧图书馆，扩大影响力，在国际竞争中获取主动权和话语权。

二、阶段目标

(一) 初级目标：从数字图书馆到智能图书馆

图书馆转型发展是一个复杂过程，目标的实现无法在短时间内完成，需要投入更多的时间和精力寻找适合智慧图书馆建设的可行性路径。转型期是衔接转型前和转型后两种状态的过渡时期。图书馆转型期的时间期限难以控制。当前，我国依旧处于智慧图书馆建设的初级阶段。当前阶段是一个特殊的过渡阶段，目标是建立智能图书馆，衔接着数字图书馆和复合图书馆。

在实际转型中，需要着重完成以下两项任务。

第一，加强顶层设计。从理论层面进行转变，在认知上达到高度统一。根据智慧图书馆建设发展的实际需求，制定合理的建设发展目标，明确主要的发展路线，明确建设的核心要点。这一转变的实现实际上对制度环境有较高的依赖性。国家需要重视顶层设计，立足整体，做好全局统筹规划，不断增强制度保障力度，明确智慧图书馆建设的主要方向，设立总目标以及不同发展阶段的分目标，绘制智慧图书馆建设的蓝图，制定科学高效的规划方案。学术界需要进一步深化研究，为顶层设计的落实提供理论指导，更好地践行制度优化理念，把完善理论体系和实践层面结合起来，科学地看待问题，把不同区域经济发展、社会需求等方面的因素考虑在内，区分不同级别图书馆的异同，为图书馆智慧化建设发展提供可行性路径。

第二，发挥行业力量，充分利用先进技术。在智慧图书馆建设的初级阶段，需要充分发挥先进技术的作用，为智慧转型发展提供技术支持。除此之外，智慧空间布局也非常重要，要合理地进行空间布局，提高整体的智慧管理水平。在具体建设工作中，图书馆服务平台的构建非常有必要，要积极借鉴和利用行业力量，为服务平台的建设和优化指明正确的方向，为向下一阶段的转型发展做好充分的准备。在我国“十四五”规划的背景下，要始终坚定智慧图书馆体系形成的核心思想，运用各种先进技术，打造先进的管理系统，为图书馆的智慧化发展创造条件。

（二）中级目标：从智能图书馆到智慧图书馆

知识内容和知识服务都是图书馆建设发展的必然要求，知识内容是基础，而知识服务则是本质所在。要建立智慧图书馆，就需要为用户提供满足其需求的知识服务，更好地实现图书馆存在的价值。智慧图书馆和一般图书馆之所以有所区别，关键就在于智慧图书馆能够在知识资源整合利用的基础上，根据用户需求，为其提供更具个性化、针对性的服务，达到智慧服务的效果。先进技术支持能为智慧图书馆转型发展创造条件，为用户提供更好的知识服务。借助平台发展不同形态的知识生态，突破传统的时空条件限制，能够为用户提供更加便利、高效、及时的知识服务，为用户带来更好的智能服务体验，使用户智慧得以充分激发。因此，要不断完善框架体系，为智慧图书馆体系的形成创造条件。

图书馆发展进入中级阶段之后，任务和目标也随之发生变化，图书馆建设要从智能化向智慧化方向转变。虽然智慧和智能只有一个字的差异，但是却存在着本质差别。这个阶段包括三大任务：第一，根据知识服务的发展方向，不断落实理论研究，为激活图书馆智慧创造条件。在此过程中，要进一步深化知识服务的内涵，合理进行拓展延伸，借助先进的信息技术，为用户带来更好的知识服务体验；第二，图书馆需要不断提高知识创造能力，能够在充分整合与利用图书馆资源的基础上，注重知识服务产品的设计与研发，增强图书馆知识产品与服务的竞争力；第三，为各级图书馆知识资源开发创造条件，落实知识产品集成管理，密切关注用户群体需求的变化，不断优化知识用户交流环境，构建知识经验共享平台，为用户提供一体化、一站式知识服务，为新型知识服务体系的建立创造条件。

（三）高级目标：从智慧图书馆到智慧图书馆体系

进入图书馆发展的高级阶段后，高级目标也随之产生，主要是构建智慧图书馆体系，不再局限于某个层面，而是落实到体系建设上来，为用户提供高质量的智慧服务。智慧服务是否得到有效落实，在实际评估的过程中，可从两个方面考量：一个是智能技术开发和利用是否得到落实；另一个是构建的智慧服务体系是否能够自动识别用户感知，并且根据识别结果，为用户推荐产品与服务。在此基础上，进一步细化成两部分：一个是基础智慧服务，主要包括自助管理书籍借还、特殊资源盘点管理、图书资源的智能查询等；一个是高级智慧服务，在智慧技术的支撑下，能够重视知识服务落实和形成过程，能够开展精细化管理，促进知识服务的个性化和多元化发展，为用户提供更好的知识服务体验。高级智慧服务的实现是一个复杂的过程，需要图书行业整体参与其中，合理布局智慧图书馆，实现跨区域协同发展，落实统筹管理，与其他知识服务社群关联起来，营造更好的智慧服务环境，形成良好的共享发展格局。

高级发展阶段，智慧图书馆建设侧重于对用户知识的研究和重视。要能够达到良好的用户智慧集成效果，促进图书馆智慧和用户智慧两者之间形成良好的互动。除此之外，相关部门也应该积极参与其中，为智慧图书馆高级阶段发展目标的实现提供支持。比如，政府可以提供智慧智能库，并且落实集成管理，为国家战略目标的达成创造条件，也能够进一步推动智慧城市和智慧社会的建设。高级发展阶段背景下，技术已经不再占据主流，而是成了一种工具和方法，为智慧服务的达成提供支持，其工具性质被进一步放大。① 人本理念才是核心所在。在成熟技术体系支持下，着手践行人本理念，为智慧服务高质量发展指明正确的方向。

高级阶段智慧服务的落实还需要得到人才资源的支持，对智慧馆员提出了更高的要求。他们不仅需要具备过硬的专业知识和技能，还需要具备较强的人文关怀意识。只有这样，才能够更好地为智慧图书馆的建设提供内在发展动力，不断提高智慧服务质量水平。初级阶段、中级阶段以及高级阶段的发展，将逐渐构建起具有中国特色的智慧图书馆体系。

第二节　智慧图书馆建设的内容与原则

一、智慧图书馆建设的内容

在数字社会快速发展的背景下，互联网信息技术在各行业都得到推广和应用。图书馆业在此背景下，只有契合社会发展趋势、积极转型发展，才能够获得持续发展的动力。社会发展水平不断提高，实际上也为图书馆业转型发展带来了良好的契机。图书馆业在创新发展过程中取得了一些成果，但是尚未形成智慧图书馆体系，需要结合时代特征，积极探究更加科学的图书馆服务模式。

（一）图书智能分拣、盘点系统

RFID 标签在图书馆领域中的应用，从本质上改变了图书馆工作流程。充分发挥 RFID 设备的作用，能够大大提高图书馆管理质量和管理效率。具体实施步骤为：首先需要对图书资源进行收集，接着划分不同的图书资源类型，把盘点结果输入管理系统中，根据用户需求来提供图书借阅服务。图书

① 夏立新，白阳，张心怡．融合与重构：智慧图书馆发展新形态［J］．中国图书馆学报，2018，44(1)：35-49.

馆要提供自助服务设备，以便读者可以根据自身需求，利用自助设备来完成图书借阅、归还操作。除此之外，图书资源都要粘贴对应的唯一 RFID 标签，这样能够大大减轻清点工作的任务量，优化图书资源清点环节，达到自动清点处理效果，并且还能够根据清点结果及时更新数据信息，提供图书定位功能服务。当前，国内已经生产出了一些 RFID 设备，这些设备功能多样有很好的应用前景，已经在全国多家图书馆中使用[①]。

（二）馆内自助系统

1. 自助借还一体机

自助借还一体机是射频识别技术应用的成果。读者可以通过使用自助借还一体机，根据自身的需求来借阅图书或者归还图书，整个操作都可以利用自助设备完成，非常快速、便捷。只要用户办理图书馆智能卡，就可以在借阅或归还图书的时候直接进入自助借还设备感应区域内，通过扫描智能卡来识别用户个人信息以及书籍信息。用户只需要选择确认借阅或者确认归还书籍即可，能够在短时间内完成整个操作过程。除此之外，用户可以同时借阅多本书籍。自助设备能够突破时间限制，24 小时都处于运行状态，能够更加方便用户操作。馆内工作人员的工作任务也得到分流，工作效率得到显著提高。[②]

2. 座位预约系统

座位预约系统是 RFID 技术创新设计的成果。借助该系统能够与设备关联起来，把传感器安装到馆内座椅中，这样就能够很好地通过系统呈现出图书馆馆内空间和座位的使用情况，帮助读者更快地找到空位，减少座位寻找所使用的时间。在信息汇总分析的过程中，不仅可以通过图像形式进行呈现，也可以通过移动客户端来进行座位预约，提供更加人性化的服务。这也是智慧图书馆的重要功能之一。[③] 如果存在恶意预约的情况，系统会自动获取相关用户的个人信息，限制其预约次数和行为，来很好地避免恶意行为的发生。

---

① 娄志俊 .RFID 图书管理系统研发及应用分析［J］. 中外企业家，2019(17)：144.
② 李秀娥 . 高校图书馆自助借还服务模式研究——以郑州大学图书馆为研究对象［J］. 河南科技，2014(13)：279-281.
③ 秦红 .RFID 技术在图书馆应用的分析探讨［J］. 现代情报，2009，29(06)：130-132.

3. 图书馆多媒体终端机

图书馆多媒体终端机可以满足读者的差异化需求，使自助操作大大提高效率，节省时间。多媒体终端机可以通过导航来让读者精准查找目标图书，也可以用来宣传图书馆，通过滚屏的方式，让读者对图书馆的整体布局情况有一个更加全面的了解。

4. 自助打印复印一体机

自助打印复印一体机可以满足不同用户的使用需求。它可以打印资料，可以复印资料，也可以在联网状态下让读者把图书资源下载到个人邮箱里，满足异地打印的需求。

5. 触摸屏阅报机

图书馆中还配置有触摸屏阅报机，能够满足用户对报纸、期刊等资源的阅读需求，并且还能为用户提供导航服务。导航提供全景地图，能够帮助读者快速找到馆内目的地，让读者能够对图书馆整体布局情况进行了解。①

（三）智能管理和安全系统

1. 综合能耗管理系统

智慧城市建设明确了智慧图书馆的建设方向和目标。在构建智慧图书馆体系的过程中，需要确保建筑主体秉持环保、节能理念，构建综合能耗管理系统，严格控制能源消耗总量，对图书馆内部环境进行有效控制，保障图书馆馆内环境的安全。综合能耗管理系统的原理就是通过安装传感器来监控馆内设备的运行状态，对馆内环境进行实时监测，识别存在的安全隐患，以便及时采取措施加以消除，为读者提供良好的阅读环境，降低能源消耗。同时，合理选择环保建设材料，在充分保障图书馆安全的基础上，更好地实现节能环保，践行可持续发展理念。②

2. 图书安全防盗系统

图书安全防盗系统中使用到双重防盗系统，一个是 RFID 系统，还有一个是磁条系统，使用双系统可以大大提升安全防盗效能。图书馆既要为读者

① 李秀娥．高校图书馆自助借还服务模式研究——以郑州大学图书馆为研究对象［J］．河南科技，2014(13)：279-281.

② 汤更生，李红岩．节能型图书馆建设初探——以郑州市图书馆为例［J］．图书馆学刊，2013，35(09)：15-19.

提供便利服务，也要加强安全防盗工作，防止图书资料被盗或丢失。因此，要采用先进的物防、技防措施，对图书进行监测。如果图书不包含标准化的字段标签或者是没有消磁，图书安全防盗系统就能够精准识别到，并引发警报。在未联网的状态下，系统也支持离线报警。随着信息技术和新技术的进步，安全防盗技术水平也在不断提高。EM-2005 电磁波防盗系统是国产设备中安全防盗效果较好的设备，在图书馆或者书店中有很好的应用前景。其优点有：灵活性好，不存在监测盲区，能源消耗不高，使用时间长，并且有联机接口，能够联机使用，抵抗干扰因素的影响，提高安全水平。

3. 智能门禁系统

智能门禁系统有不同的构成部件，包括门禁控制器、读卡器、管理软件、开关控制器等。智能门禁系统能够联网运行，能够实现报警系统的集成管理。如果图书馆内发生火灾，门禁系统在识别后，就会触发火警警报。门禁系统可以自动打开逃生出口、消防通道等，让人员及时逃生，保障生命健康，减少财产损失。消防门上的电控锁在火灾发生的情况下，会自动断电，避免发生更严重的事故。

（四）移动服务建设

随着互联网应用范围的不断扩大、信息技术水平的不断提高，移动服务在越来越多的领域中得到应用，大大提高了自动化管理水平。移动服务方式也呈现不断波动变化的趋势，朝着更高层次发展，服务载体包含着智能手机、平板等移动终端。对于用户而言，便捷性大大提高，消除了时间和地点上的约束和限制，能更好地享受数字化服务，获取良好的服务体验。移动服务的出现，在一定程度上推动了图书馆发展进程。

智慧图书馆的一个特征就是能够实现互联互通，能够与不同设备对接使用，比如手机、平板、阅读器等。移动设备使用灵活性更高，在信息获取和传播上具有优势，双向传播的特征更为显著。在移动通信技术不断提高的背景下，数字图书馆的特征也越来越显著，能够在构建多功能平台的基础上，为用户提供更加便捷的服务，让用户更快地获取目标图书资源。除此之外，智慧图书馆还能够根据用户的实际需求，为其提供个性化定制服务。读者可以借助移动设备来灵活地进行借阅和归还图书的相关操作，还可以预约座位，实现与数字电视的高效交互，大大简化了用户图书信息查阅流程，效率得到很大程度的提高。[①]

（五）智慧空间重构

在互联网快速发展的背景下，传统的图书馆物理空间结构已经无法完全适应时代的要求，用户的需求无法得到最大限度的满足。开放获取方式的优势逐渐显现出来，信息的共享已经成为一种重要趋势。互联网平台的构建，改变了信息共享的方式，大大提高了信息共享的效率，为图书馆转型发展创造了条件。信息共享空间被进一步扩大，为智慧图书馆建设提供了良好的功能选择。信息共享理念在全球范围内得到推广和传播，图书馆空间再造已经成为一项重要提升内容。1992年，信息共享空间（Information Commons，IC）初步出现，空间构建目的就是为信息共享服务，信息共享空间的形式呈现多样化的发展趋势。

信息共享空间是服务模式在新时代创新后形成的结果，能够为图书馆用户的沟通交流创造良好的条件，形成一个相互合作的空间，读者可以通过相互学习、协作来达成目标。研究学者唐纳德·比格（Donald Beagle）对信息共享空间的内涵进行了阐述。首先，信息共享空间是一种在线环境，这种环境很独特，能让用户借助网络搜索引擎来获取数字资源，能够充分发挥用户界面的作用，提供更好的数字服务；其次，信息共享空间也可以被认为是一种特殊的物理设施空间，并且没有唯一固定的形式，可以是某一层楼，也可以是某个场所。当前，高校图书馆开发较好的信息共享空间主要有浙大图书馆信息共享空间，这个空间所具备的功能更加多样，是一种覆盖多种功能的功能区。

（六）泛在智慧服务建设

在智慧图书馆建设的过程中，还需要落实泛在智慧服务建设，以及文献服务、信息服务、智慧服务等。不同服务侧重的服务内容存在明显的差异，而图书馆智慧服务是重中之重。智慧服务能为智慧创造活动的开展提供

---

① 李臻，姜海峰．图书馆移动服务变迁与走向泛在服务解决方案［J］．图书情报工作，2013，57（04）：32-38．

动力，能够为用户获取资源提供便利，并能根据用户喜好偏差提供个性化定制服务，让用户获得更好的服务体验感受。举例说明，在图书资源检索的过程中，图书馆除了要为用户提供检索信息，还需要根据获得的数据结果为用户使用数字信息资源提供指导，而且导出方式呈现多样化的趋势。

在泛在智慧服务建设的背景下，图书馆服务模式开始发生变化，传统服务模式已经无法满足需求，需要积极探索新的服务模式。智慧图书馆建设需要考虑用户的个性化需求，这个是关键的构成部分。要做到人本管理，确保提供的服务能够满足不同用户的差异化需求。智慧图书馆建设发展过程中，需要积极转变思想，在原始数据获取的基础上，借助先进信息技术，进一步加工数据，挖掘其中存在的隐藏信息，实现泛在服务的集成化管理。①

情景感知服务在移动环境中得到使用，智能终端是重要的服务提供介质，能够借助移动传感设备来完成原始情景信息的提取。读者进入系统后，能够精准获取信息所处位置，并且在动态信息获取的基础上，划分不同的类型，达到更好的信息筛选目的。

定制服务也就是RSS服务，主要以信息聚合技术为核心，来提供个性化服务。通过RSS服务，能够对数据信息进行筛选和提取，根据用户的实际需求来推送契合度更高的信息。定制服务包括不同的服务功能，比如为用户推荐新书、推荐电子期刊、定制信息推送等。

因为不同用户的信息需求存在差异，在提供推送服务的时候，应该考虑用户的真实需求，在获取用户信息偏好的基础上，充分利用数据分析技术，自动完成信息推送管理。历史访问记录是判断分析用户信息需求的重要依据，能辅助分析模型，落实对用户推送信息的动态化管理。

预约服务不仅仅是静态资源的预约，也包括动态资源的预约。例如，借阅图书信息的预约、移动设施的预约等。

（七）智慧机器人

智慧机器人在智慧图书馆建设过程中起到重要作用。机器人提供的服务存在差异，与机器人系统功能的不同有关。下面介绍几种不同形式的机器

① 刘彦丽．泛在信息环境下的智慧图书馆服务——以北京大学图书馆为例［J］．图书馆学刊，2014，36(07)：67-69.

人服务[①]：

1. 自助图书馆智能化水平不高，最早在国外出现，主要是为读者提供借还服务，但是直接服务的读者数量并不多。近些年，自助图书馆开始在我国出现，主要是提供简单便捷的服务。

2. 机器人和立体仓库融合发展，在服务模式上有了新的变化。基于两者形成的综合应用系统开始在部分图书馆得到应用，服务自动化水平显著提高，能够为用户提供自动存取服务。但是，建立自动存取中心需要消耗大量的成本，无法实现大范围推广。

3. 图书搬运机器人系统（AGV）在国外一些国家的图书馆得到推广和应用。德国和日本等国家的图书馆，充分挖掘 AGV 系统的优势，来提高图书资料分拣效率。这种系统使用成本不高，并且在提高效率方面起到的作用更加突出，但功能上比较受限，仅仅是做一些重复度高且不复杂的事情，比如图书搬运。

4. 全自主智能图书存取机器人系统功能进一步增多，不仅能够完成简单的操作，而且能够处理一些复杂事项，自动化管理水平得到一定程度的提高。不过，这个系统依旧处于探究阶段，尚未形成成熟的应用经验。

5. 智能参考咨询机器人能够为用户提供定制服务，主要借助定制软件来实现此功能。它在实际应用中存在的优势体现在：不需要支付高额的使用成本，交流方便，直接面向广大的用户群体，有很好的应用前景。

二、智慧图书馆建设的原则

(一) 以人为本，服务用户

在信息技术水平不断提高的背景下，人们的认知水平也在不断提高。人们通过寻求高效合理的知识获取渠道和方式，来不断完善知识结构。当前人类的知识体量出现短时期快速增大的趋势，学习周期在不断缩短。想要更好地适应社会环境、满足社会发展对人才的需求，就需要通过学习来不断提高自我。在接受新知识的同时，也需要把过时的知识淘汰掉，削弱传统思想

① 方建军，张晔．图书馆图书自动存取机器人的研究与应用［J］．图书馆建设，2012(07)：79-83.

意识带来的负面影响。智慧图书馆的出现是适应社会发展的结果，它能够快速地帮助用户找到其所需要了解的数据信息，并且引导用户实现知识的高效转化。图书馆用户的差异较大，一些用户信息素养不高，对现代信息技术没有一个清晰的认知，但是有一定的学习诉求，被称为学习者群体；还有一些用户非常熟悉信息技术，并且具备灵活应用的能力，主要存在深度知识获取需求，也就是研究者群体。①

智慧图书馆在为这两类用户提供服务的过程中，主要遵循的是以人为本的原则。也就是说，不同用户在知识获取的需求上存在着差异。在为不同用户提供服务的过程中，需要充分考虑用户的实际需求，有针对性地提供不同的服务。图书馆存在的使用价值应该朝着多样化的趋势发展，不能再仅仅局限于简单的服务，而应该能够在采集数据信息的技术上，借助先进的数据分析技术，深入挖掘潜在信息，对用户的需求差异进行明确，再有针对性地提供服务。通过分析可以很明确地区分共性需求以及个性需求。学习者为了获取知识，可以借助图书馆提供的各种学习工具，来灵活地进行使用，为知识获取和学习服务。在实际应用信息工具的过程中，学习者能够不断积累信息素养，形成正确的独立意识，增强解决问题的能力。研究者需要在短期内获取其所需要的深层次信息。在这样的背景下，智慧图书馆需要不断丰富知识内容体系，能够从海量信息中精准识别和提取关键性信息，满足研究者的个性化需求，提供定制服务。

（二）降低门槛，强化功能

互联网的快速发展极大程度上改变了人们的现实生活。互联网凭借自身存在的优势，得到大范围的推广和应用，给不同类型用户提供了满足诉求的良好契机。在信息技术水平不断提高的背景下，互联网商用技术的应用范围不断扩大，社交软件不断增多，在改变人们沟通交流方式的同时，也带来了先进的社交工具，比如微信、微博等。这些社交软件充斥着人们的生活，实际上提供了一个个特殊的社交场所。虽然与现实生活中存在的社交场所存在一些差异，但是从本质上来看，它们能够促进人和人之间的沟通和交

① 黄强．新时代智慧图书馆建设路径探究［J］．武汉船舶职业技术学院学报，2021，20(02)：132-134.

流，达到很好的语言交流效果。传统知识的获取主要是借助语言沟通、文献资料、视野拓展等方式来实现，但随着社交软件占据人们越来越多的生活时间，社交软件实际上也成为知识获取的平台。但它与以往的知识获取工具有很大的不同，关键在于其所具备的功能并不是单一的，而是综合不同方面的功能，能够满足不同用户的差异化需求。社交软件在实际应用的过程中，对用户的浏览数据信息进行收集、整理和分析，根据分析结果就可以获取用户的反馈信息，根据反馈信息来为用户推荐符合其需求的信息内容。除此之外，社交软件直接面向所有的群体，使用的门槛不高。还有很多社交软件只需要通过注册就能够登录使用，操作流程简单。当前阶段，图书馆在为用户提供服务的过程中，基本上都局限于特定的情景，提供的服务也是针对储藏、自修以及阅览三大情景来展开。如果用户需求提高，就会因为操作流程的问题最终选择放弃，寻求其他软件的帮助。当前，互联网数据库已经成为人们获取知识的主要手段和途径。

在互联网技术快速发展的背景下，很多新型媒介开始出现，竞争日益激烈。而图书馆在一些方面存在明显的优势。探究图书馆和用户之间服务模式的应用方向有着重要的现实意义，能够缩短资源获取时间，提高效率、水平，让图书馆在功能性较低的场所中的作用得到充分发挥，促进图书馆事业的不断发展。

（三）突出试验，启迪创新

图书馆是特殊的教育主体，应该积极发挥图书馆的优势，为教育事业的发展提供动力支持。图书馆在建设发展中，需要积极参照和学习实验室模式的成功经验。图书馆和研究机构之间存在显著的差异，具有显著的普惠性特征，对用户没有严格的要求，能够为不同信息素养的用户提供各种资源，满足其知识获取的需求。图书馆空间就好比一个大的实验室，在这个空间中，任何主体都能够展示智慧，收集数据并展开研发工作。如果面向的是学生群体，图书馆能够引导学生在这个空间中独立发现问题，并尝试着自己解决问题，培养独立学习意识，有意识地进行训练，不断增强问题解决能力，更好地开展实践创新活动，形成正确的学习思维。如果面对的是其他用户群体，图书馆也能够营造一个良好的学习氛围，能够帮助用户开展沉浸式学习，引导用户提出问题，通过反思，来对所学知识有一个更加深入的了解，提高智慧水平。

（四）打造“智慧”共同体

智慧图书馆是智慧城市建设发展的必然产物，也是智慧城市必不可少的构成部分。在智慧图书馆建设过程中，需要着重落实到“体系”建设上。单一的图书馆无法形成智慧图书馆体系，需要整个行业都投入其中，落实智慧图书馆整体布局，确定定位目标。智慧图书馆是一个重要的资源媒介，拥有丰富的图书资源，这是图书馆存在的优势。这些优势需要在智慧图书馆建设中得到充分发挥，拓宽知识获取途径和渠道，让民众积极参与全民学习活动，提高国民的素养水平。尤其是在社会快速发展的背景下，新旧知识的更替速度非常快。图书馆需要提供新知的学习效率，也需要摒弃不合时宜的旧知识，更好地适应时代和社会的发展变迁。智慧图书馆与学校教育活动密切关联，需要不断丰富图书馆的功能体系，积极与高校教育系统衔接起来，不断积累实践经验，为智慧共同体的构建创造条件。

第三节　智慧图书馆建设的核心技术与要素

一、智慧图书馆的核心技术

（一）物联网

物联网这个概念，是国际电信联盟（International Telecommunication Union，ITU）2005年在信息社会世界峰会上发布的《ITU互联网报告2005：物联网》中提出的。但其实早在1999年就已经有物联网概念了，并且有较为成熟的RFID技术产品出现在市场中。当时的物联网被称为“传感网”，主要依赖于RFID技术、物品编码技术和互联网技术。随着“智慧地球”概念的提出，物联网引发了继个人计算机、因特网之后的第三次信息技术行业变革浪潮。

物联网技术的核心是由自动识别、传感和定位技术组成的感知识别技术，如RFID、传感器、二维码等技术都包含其中，而RFID技术已经是图书馆很早就开始使用的识别技术了。RFID技术在图书借还、统计、整架等方面发挥着越来越显著的作用。RFID依靠的是电磁波，不需要物理接触，也不需要借助光传播。与传统图书馆的磁条或条形码相比，RFID技术能让自助借还机一次性识别多份文献资源，节省人力成本，提高工作效率。同时，RFID标签一般都能对潮湿、高温等恶劣条件有一定的抵抗力，使用寿命长、安全性较高、读取速度快，是更适合当下图书馆应用的一种识别技术。但因也有相比于传统技术而言成本过高的缺点，导致目前还并不能在大多数图书馆推广。①

智慧图书馆要实现服务的高效、智能化，物联网是其不可缺少的技术基础。物联网通过“万物互联”的理念将图书馆的文献资源、用户、馆员和设备互相联系在一起，构成一个高度集成的图书馆管理系统，使得传统图书馆的单向服务模式转向了智慧图书馆的多向网状服务模式，用户也可以在这种服务模式中实现最快并且最省力地获取所需的资源。

（二）大数据

大数据是一种数据的集合，无法在短时间内被常规工具采集和处理，是一种传统处理模式无法处理的信息资产，具有数据规模大、数据种类多、流转速度快和价值密度低四大特征。大数据的收集与分析处理往往离不开云计算、分布式处理和较为先进的存储与感知技术。

随着大数据技术的飞速发展，大数据相关应用得到大规模运用，图书馆业也迎来了巨大变革。在大数据时代下，领导者不再只是单单依靠主观判断和经验进行决策，数据可以说明很大一部分的问题，任何决策都需要有数据的支撑。在大数据的帮助下，许多事物都可以被量化，领导者也可以根据大数据来进行定量的决策，决策的质量也会随着大数据采集与处理质量的提高而提高。

在大数据的时代背景下，人们对图书馆管理中“资源、技术和人”这三个要素有了新的解读。传统图书馆中的数字化资源是有着很强关联性的结构

---

① 张得森，蔡玉清，崔霞．基于物联网技术的智慧图书馆系统设计［J］．电子测试，2021（15）：91-92+25.

化数据，它们都是用二维表格的形式存储在关系型数据库中的。要获取这些数据较为简单，只需按既定程序对目标进行采集即可。而在大数据时代，以往的那些海量的非结构化数据，如图片、用户微博、馆内行为视频记录等，以及半结构化数据，如用户联系方式、浏览历史、浏览时间、各种记录等，也都不再是废料数据。可以将它们充分地利用起来，对这些数据进行动态的、系统的整合，为用户提供更加智慧化的服务。①

（三）人工智能

1950年，计算机科学之父图灵（Turing）提出了一个直到现在都有着巨大影响力的概念——图灵测试。他认为，如果让人与一台机器交流，并且无法发现与他交流的机器不是人的话，那么这台机器就可以被认为是有智能的。1956年，两位人工智能之父之一的麦卡锡（Mc Carthy）正式提出了“人工智能”（Artificial Intelligence, AI）这个概念，并在1971年创造了Lisp语言。另一位人工智能之父明斯基在1969年确立了人工智能的理论框架。人工智能技术真正被大众所熟知源于1997年IBM公司推出的“深蓝”，并且举办了一场国际象棋人工智能“深蓝”与国际象棋世界冠军的比赛。“深蓝”成功赢下比赛，这时候人们开始意识到人工智能的强大。②

对于智慧图书馆而言，人工智能其实就是让设备按照任务目标对数据、知识等信息自动地进行采集、处理与分析，并做出自主决策和控制。人工智能与自动化设备最大的不同在于，人工智能能够代替人类去完成一些复杂多变的脑力劳动，而自动化设备只能帮助人类完成一些简单重复的体力劳动。人工智能甚至能完成一些人脑无法完成的任务，这也是人工智能最重要的特征之一。在智慧图书馆中，人工智能可以与大数据技术相结合，将事物定量化，发现不同用户行为或文献资源间的关联规律，预测事物未来发展的方向。

人工智能在图书馆的智慧服务中能发挥许多重要作用。一方面，人工智能将云计算、大数据和深度学习这三项技术联合起来，让图书馆能够在短

① 祝业，张建平，王漩等．智慧图书馆服务平台建设的思考［J］．中华医学图书情报杂志，2018，27（06）：72-74.

② 杨励卓．浅析计算机科学技术对智能生活的影响——以人工智能为切入［J］．数字通信世界，2018（01）：184-185.

时间内感知采集、整理分析大量多种类的数据，将数据分析一体化模式带入图书馆研究过程中，用数据说明问题，将复杂问题简单化，为图书馆研究带来了新的技术手段；另一方面，人工智能能够降低图书馆馆员的劳动强度，提高服务效率，让用户能够享受到个性化的服务，使得图书馆的服务更加智慧化，为图书馆服务带来了新的模式。

（四）云计算

1. 云计算的概念

云计算的本质是分布式计算，它利用“云”将数据处理计算程序和海量的数据分解成无数块，这些分散的块被连接了许多服务器的系统进行处理并分析，最后将结果返回给用户。[①] 云计算的思想起源于 20 世纪。1999 年，美国软营（Salesforce）公司提出“软件的终结”（No Software），首次创造了为企业提供远程服务的理念，并在两年后推出首个让企业只需要登录它们公司的网站就能享受服务的客户关系管理（CRM）软件系统。这是软件即服务的起源，该公司也被称为“软件终结者”。随后在 21 世纪初，谷歌发表了引爆大数据时代的三篇论文，分别描述了 GFS、Map Reduce 和 Big Table 三个产品的详细设计思路，为现在的云计算产品的基础算法奠定了基础。在 2006 年 8 月举办的搜索引擎大会上，谷歌的首席执行官首次提出了“云计算”（Cloud Computing）的概念，正式确定了云计算的历史发展地位。

对于图书馆而言，要想开展服务，基础设施是必不可少的条件。而智慧图书馆的 IaaS 大致有三种，分别是服务器服务、存储服务和网络连接服务。对于这些方面，智慧图书馆显然需要云计算技术成为其重要的支撑平台。目前，图书馆界对于这部分云计算技术是业务外包还是图书馆构建尚有争议，要想得到答案就必须分析两者的成本与效益。有研究人员提议让图书馆界一起共同研发，共同建立一个标准体系，共享部分硬件设施，这样既可以节省成本，又可以实现标准化。

2. 图书馆利用的云计算模式

图书馆利用的云计算模式大致可分为公有云模式、独立或总分馆私有云模式、混合模式、行业模式等。

---

① 刘小彬．基于云计算的网络应用分析 [J]．信息与电脑（理论版），2017（08）：176-177.

(1) 公有云模式

图书馆把数据或信息系统放在云服务商提供的“云”上，通过互联网对数据或信息系统进行管理，这是一种典型的公有云服务应用模式。

这种模式适用于一些小规模的图书馆或者图书馆的一些不太敏感的信息系统或数据。一些小规模图书馆不想创建或维护自有的基础架构或应用，可以选择这种模式。这种模式租用虚拟机按时间收费，可以大大减少图书馆内部的 IT 成本开支。

(2) 独立或总分馆私有云模式

现阶段，图书馆采用的最为典型的模式应该是独立或总分馆模式。独立是在没有分馆的情况下使用，而总分馆是在有分馆的情况下使用。比如，一个高校可能有几个校区的分馆，一个市级的图书馆有一些县区级的分馆。这种模式对总馆来说，提供的是私有云服务，而对分馆来说，在某种层次上算是行业云的服务。

(3) 混合模式

混合模式是指图书馆一方面利用一个或多个云计算提供商提供公有云服务，另一方面还在本地搭建私有云服务。利用混合模式，图书馆可以把一些信息系统，比如目录服务、馆际互借、联合咨询、联机编目、软件共享等放在公有云上，这样对互联网用户来说，访问的速度也许更快一些，同时图书馆也节省了私有云的建设成本；另外，对于一些海量数据，需要大数据处理的系统可以放在私有云上，方便对这些数据进行分析和处理。

(4) 行业云模式

行业云模式是指图书馆行业联合起来组成行业联盟，各个图书馆提供自己的资源，由联盟组织进行统一的管理，向联盟馆提供统一的服务。

截至目前，很多图书馆经常使用的还是第二种模式，比如很多高校图书馆采用了云计算技术，建立了自己专属的私有云。云计算和传统计算机与网络技术相结合，可为智慧图书馆的大数据分析与决策提供 IaaS、PaaS、SaaS 支持。高校智慧图书馆的云服务平台分为三个层次，分别为用户层、云服务层（IaaS 层、PaaS 层、SaaS 层）和资源层。其中，资源层主要包括各类馆藏纸质资源、数字资源以及其拥有使用权限的其他数据库或者电子资源。资源信息的存储、运算以及用户资源信息的调度和负载均衡由 IaaS 层负责管理，IaaS 资源池主要由 CPU、存储单元、网络构成的实体层和由应用、计算、服务器等构成的虚拟化层组成；PaaS 层对图书馆各种资源进行分类、存储及发布，为智慧图书馆的使用者提供有效的个性化服务；SaaS 层直接运行信息和应用系统，直接面向读者服务。

二、智慧图书馆的核心要素

（一）广泛互联的图书馆

1. 数据库与数据库之间互联的图书馆

在知识互联和跨学科的环境下，只有实现本馆内的库库相连和各图书馆间的库库相连乃至与社会各机构和全球各机构的库库相连，才是实现图书馆智慧发展的重要管理理念和服务理念。当今，数字化环境渐渐成熟，读者逐步享受在线数据库所提供的快速查询与信息获取等服务，但却面临一个问题：尽管目前有许多在线数据库可供使用，但使用者往往不知自己所要找寻的信息在哪一个数据库中。如何集成目前各个数据库的检索功能，提供一个简单灵活的检索，已成为当前智慧化图书馆的研究重点之一。数据与数据之间的互联性主要体现在数据库之间的互联互通，各种类型的数据库能够兼容、集成、整合，最常见的就是跨库检索。国家科技图书文献中心和国家科技数字图书馆共同组建“开放获取资源跨库检索系统”，目前其运行效果也受到各界的好评。

2. 人人互联的图书馆

智慧图书馆中人与人之间的互联性包括馆员之间的互联性、用户之间的互联性，以及馆员与用户之间的互联性。微博、微信、微视频等新媒体工具创新了阅读资源的传播方式，阅读资源的传播不再是单向传播，而是增加了互动性。读者还可以通过互动平台分享阅读心得和阅读感悟，以达到在短时间内传播阅读资源的目的，阅读内容可以在读者之间直接分享和交流。以主流阅读 App 掌阅为例，用户可以在海量的阅读资源中选择自己感兴趣的内容进行略读、选读或细读，并通过好友分享、读书笔记、好书共读等方式与其他读者进行互动，提高阅读效率和影响力。很多图书馆开通微信公众号作为读者服务的平台。伴随微博影响力的逐步扩大，国内多家图书馆开通并认证微博，图书馆官方微博成为与用户建立良好交互关系的平台。图书馆微博的类型一般为“图书推荐”“新书推荐”“原创微博”“转发并评论”和“通知公告”5种。新媒体平台的出现，进一步拉近了图书馆与广大读者之间的距离，使图书馆与读者间的信息桥梁变得更加通畅并形成了互动的形态。

（二）融合共享的图书馆

融合共享是智慧图书馆的重要特征之一，它通过智能技术实现。融合与共享将为图书馆事业的发展注入新的活力。

1. 多样融合的图书馆

随着信息技术、新媒体技术和网络技术的快速发展和普及应用，新时代图书馆是充分融合和包容的多样化图书馆。图书馆中存在多样化的阅读方式，包括纸本阅读、电子阅读、新媒体阅读、真人阅读、有声阅读、互动阅读、艺术阅读等；同样存在多样化的文化空间，如阅读空间、研修空间、创客空间、多媒体视听空间、艺术修养空间（音乐戏剧欣赏）、休闲交际空间、娱乐空间、网络空间、社交新媒体空间、学习共享空间等。

美国图书馆协会（ALA）的未来图书馆中心于2015年发布的题为《趋势》（*Trend*）的研究报告中详细阐述了美国社会、政治、经济、技术、教育、人口和环境的发展趋势及其将对图书馆产生的影响。未来的图书馆将成为一个对每个公民免费开放的社区共同空间，该空间可以增强读者之间以及读者与技术、资源的互动，是一个多样融合的空间。

2. 跨界融合的图书馆

跨界融合是当前环境中图书馆创新服务、拓展业务的有效发展路径之一。跨界即跨行业、机构界限开展活动或提供服务，相互渗透、相互合作。在信息技术的支持下，跨界融合正成为全球图书馆事业发展的一个特点。跨界融合已经并将继续体现在图书馆阅读和文献提供等各项业务之中。美国图书馆界在开展跨界融合进程中有诸多较为成功的典范。康奈尔高校图书馆与出版社跨界融合，开展“学术出版与传播、数字工具开发”等新型业务。西肯塔基高校图书馆与书店跨界融合，不仅为用户提供舒适的阅读环境，而且以自身的实际行动成为阅读推广的主要倡导者。巴诺书店的存在，较大程度上影响了美国人的阅读习惯，并且成为积极寻求与各类致力于高等教育、文化、艺术等领域发展的营利性及非营利性组织合作的典范。智能化技术促使图书馆产生了全新的服务模式和管理模式。在当前各类跨界合作形式的基础上，今后图书馆的跨界合作还应该伴随着物联网的深度合作以及其他人工智能技术的应用，打造出信息传播更便利、信息检索更高效、阅读推广方式更全面的现代化智能跨界合作图书馆。

第四节　智慧图书馆建设方案的构建

一、功能构建

智慧图书馆建设需要制定整体发展规划，并且具有技术可行性，能够在图书馆日常管理活动中落实功能构建目标，探究先进技术在智慧图书馆建设中的应用情况，不断积累相关经验，提高智慧图书馆建设技术水平，并通过实践进行检验。具体的实践活动有：搭建图书馆数据库，充分发挥数字化设备的作用，借助移动终端为知识获取提供更加便利的渠道，大大提高知识获取效率；通过构建信息管理系统，对图书馆内外的环境进行监测管理，避免出现严重的安全事故；使用一些感知设备来提高图书资源整理、分配、上架等方面的效率，不断完善图书馆流通机制；充分发挥社交媒体的作用，与用户实现更好的交互，积极创新设备，为用户带来更好的服务体验。

二、框架构建

在初步建设的基础上，智慧形态初步形成，能够根据用户的差异化需求为其提供个性化定制服务，功能类型也不断增加。相关技术设备在实践中得到很好的应用，对于功能服务的优化起到很好的促进作用。要更好地实现智慧图书馆体系的建设目标，就需要落实功能服务的优化管理，制定与智慧图书馆契合度更高的框架结构，为智能图书馆管理活动的开展营造一个良好的环境。在框架构建的过程中，首先需要确保物理基础设备得到保障。在局部网络布局的过程中，充分发挥无线宽带的作用，及时收集和反馈信息，借助信息传感设备，了解图书馆内部各个设施的运行情况，从整体上提高图书馆的安全水平。不断优化硬件设施，为信息展示功能的实现提供技术支持；

不断优化数据处理系统，移动端生成的数据能够得到高效利用，对收集到数据进行集中处理，为决策活动的开展提供数据参考。

在当前发展背景下，智慧图书馆框架建设所依赖的技术就是区块链技术。利用该技术能够实现点对点的资源提供和服务模式，提高图书资源的利用效率，同时也能够很好地验证不同工具的价值和作用，以便合理地进行筛选，达到预期的共享效果。去中心化合作关系的构建能够促进图书馆和其他一些机构的合作，促使优势资源互补，实现共赢。

三、生态构建

技术水平不断提高，为智慧图书馆生态的构建提供了技术支持，智慧图书馆的各种特征和功能也逐渐开始显现。为了更好地适应复杂的社会发展环境，需要构建智慧图书馆生态系统，目的是向常态化发展方向转变。生态系统表现有不同的内容：智慧图书馆是智慧城市建设的重要表现内容，成为主要的信息枢纽。用户能够通过访问信息资源，来不断提高认知水平，优化知识结构，提高素养。生态系统也能够帮助用户形成长远发展的眼光，使用户能够从全局出发看待问题、分析问题以及解决问题，不断提高智慧图书馆的服务质量，实现信息资源的高效流动，积极发挥个性化资源的作用。先进技术的合理有效利用，促进了模块化技术设备的应用，可以提供良好的问题解决方案，使智慧设备的包容性得以提升。图书馆空间改造得到技术上的支持，充分体现人本管理的宗旨和服务理念。在智慧图书馆生态系统中，不同的个体都能够实现良性交互。

第五节　智慧图书馆建设的策略

关于智慧图书馆建设研究文献不断增多，不同的学者从不同的维度展开研究，取得了一些研究成果。一些学者认为，智慧图书馆实际上就是借助信息技术，将数字技术和绿色发展理念结合起来，大大提高信息服务效率。一些学者的研究结论指出，智慧图书馆是互联网催生的结果。从需求满足的角度来看，人的追求不断发生变化，较低层次的需求得到满足后，就会产生更高层次的需求，这也对人的知识体量和信息素养提出了更高的要求。智慧图书馆能够根据用户的需求，落实人本管理的宗旨和服务理念，帮助用户提取关键特征信息。

一、新时代智慧图书馆建设的意义

（一）适应现代信息管理的需要

在信息技术水平不断提高的背景下，大众对信息的需求也呈现不断增长的趋势。然而，信息知识量在短时间内迅猛增长，社会环境复杂程度快速提升。信息获取形式和方法会直接影响信息获取效率，需要对此予以重视。公共图书馆有其自身存在的特殊性，属于公共文化设施，传统服务模式已经无法满足要求，图书馆建设需要考虑到数字经济发展的背景和趋势，能够采取合理有效的措施落实发展策略，并不断调整优化，能够跟紧时代发展的步伐，充分发挥信息资源的作用，探索更加高效的信息获取模式，借助移动设备突破信息资源获取的时间和空间限制[①]，为人们的生活带来更多的便利，适应现代信息管理的实际需要[②]。

（二）促进馆藏资源的充分利用

智慧图书馆要求信息资源得到最大限度的利用，能够直接面向用户，根据用户的需求，为其提供公共信息资源。除此之外，信息筛选的要求也发生了变化。图书馆和用户可以实现更好的交互。图书资源的提取和使用在技术的支持下，流程得到简化，效率也得以提升。在互联网覆盖范围不断扩大的背景下，智慧图书馆建设朝着新的方向发展，数字化转型是必然趋势，信息资源提供的精确度得到提高。

（三）有效提升图书馆服务水平

公共服务数字化发展契合时代和社会发展的趋势，很大程度上带动了

---

① 张得森，蔡玉清，崔霞．基于物联网技术的智慧图书馆系统设计［J］．电子测试，2021（15）：91-92+25.

② 卢小宾，洪先锋，蒋玲．智慧图书馆数据标准体系研究［J］．图书情报知识，2021（4）：50-61.

数字经济的发展，人们的生活、工作以及学习方式都发生了很大的变化。智慧图书馆建设也是顺应数字化社会发展的结果，可以转变传统的图书馆服务模式，大大提高服务质量。图书馆传统模式的服务功能比较有限，大多是为用户提供图书借阅服务，主要由图书馆馆员人工操作完成，错误率高，甚至无法避免错误，图书资源管理效果不理想。智慧图书馆在服务模式上发生了根本转变，借助信息管理系统开展日常管理工作，能够借助先进的移动设备为用户提供更加便捷的服务，使用户能快速精准地获取图书资源，也能够提供相关预约服务，大大节省了用户的时间，营造良好的环境，图书馆服务水平大大提高。

（四）稳步推进“智慧城市建设”

“智慧城市”建设发展中包含智慧图书馆的建设内容。人们所处的社会环境发生了新的变化，行为习惯、生活方式等都有了新的变化。在基本生存需求得到满足后，人们开始追求更高层次的需求，精神层面的需求更加迫切。公共图书馆在满足人们精神需求方面起到很好的作用，提供渠道和途径，为人们获取知识信息、提高信息素养创造条件。智慧图书馆是智慧城市建设的要求，也是实现公共数字文化体系的必然路径，能使社会公用文化服务质量水平得到提高。[①]

（五）助推科技创新工作快速发展

科学技术水平的不断提高极大程度上增强了社会科技创新力，为经济发展注入源源不断的发展动力。要充分发挥科技创新平台的作用，实现知识资源的高效率共享，为科技创新活动的开展提供重要支持。

数字化技术水平的提高为智慧图书馆建设创造了良好的条件。在技术的支撑下，可以更好地挖掘智慧图书馆的功能和价值，面向大众提供更优质的信息资源，积极转变服务模式，与科技创新活动紧密联系起来，提供一个平台，引导全民参与科技创新活动，推动科技创新工作快速发展。

① 王方园.智能图书馆与智慧图书馆辨析——兼论图书馆未来发展路径［J］.图书馆学刊，2021，43(07)：1-5.

二、智慧图书馆的建设策略分析

（一）强化创新意识，树立互联网思维

互联网经济近些年快速发展，很多行业领域中都能够体现互联网思维。互联网思维要求人们能够辩证地看待问题，在继承传统思维模式优势的基础上，积极转变思想，学会包容接纳新知，实现新旧知识的更替发展。建设智慧图书馆实际上对馆员提出了更高的要求，需要他们具备较强的创新意识。在日常管理工作中，要积极落实互联网思维，敢于提出问题和质疑，充分发挥物联网的作用。通过模块化管理，确保各功能模块的作用可以得到最大限度的发挥，提高图书馆管理效率水平，为信息交互创造良好的条件，不断完善智能图书馆管理框架体系。[①]

（二）加强部门协作，建立常态化、科学化、规范化的可行机制

公共服务数字化迅速发展，改变了智慧图书馆建设的发展方向，不仅要求人的发展，对具体的发展模式也提出了更高的要求。跨行业融合发展已经成为一种重要趋势，图书馆需要积极与社会其他组织和机构进行合作，实现优势互补，打造高效率的信息共享平台，提高信息资源的利用效率。

各个部门之间需要加强合作，具有合作意识，构建科学规范的可行机制，实现优势资源在不同部门间的合理配置。要明确各个部门以及相关人员的职责，为实现各部门联动发展提供良好的契机，形成强大的协同力，共同达成目标，为智慧图书馆建设营造良好的环境。

（三）加强人才队伍建设，引进专业化技术人员

人才资源是社会发展必不可少的关键资源，任何行业的发展都需要人作为主体参与其中。在建设智慧图书馆的过程中，需要根据建设目标和具体要求，组建高质量的人才队伍，注重人才资源的培养和利用，并通过不同的渠道逐渐壮大人才团队规模。只有这样才能够为智慧图书馆建设提供内生动

---

① 段美珍，初景利，张冬荣，等 . 智慧图书馆建设评价指标体系构建与解析［J］. 图书情报工作，2021，65(14)：30-39.

力。一些图书馆对人才资源重视程度不高，导致馆员的工作积极性和能动性没有得到有效激发，服务效率不高。图书馆要重视人才队伍建设，加强对馆员的培训，使其对智慧图书馆的含义和管理要求有一个清晰的了解，积极转变思想观念，不断提高专业素养，为智慧图书馆建设贡献力量。

（四）坚持实绩导向原则，建立健全绩效评价机制

智慧图书馆在实际建设的过程中，要构建完善的绩效评价机制，着重把员工的工作实绩考虑其中，作为重要的评价指标，目的是更好地激发员工的工作积极性，使其能够在工作中端正态度，积极转变思想，为智慧图书馆建设发展做出贡献。在制定绩效评价体系的过程中，可以通过不同的渠道和途径展开调查，获取研究所需要的数据，了解用户的真实需求情况，为转变图书馆服务模式指明方向。除此之外，智慧图书馆建设还应该与员工奖惩机制结合起来，这样能够达到更好的激励效果。

（五）借助数字化技术，构建互联互通系统及平台

智慧图书馆建设对数字化技术有极高的依赖性，数字化技术的应用情况会直接影响智慧图书馆的建设效果。因此，需要充分挖掘和利用数字化技术，构建互联互通的平台。借助这个平台能够实现图书馆和用户的高效互通，实现信息资源的高效共享。读者需求的变化会对智能图书馆的服务模式产生影响。图书馆要通过不同渠道获取用户的需求偏好信息，不断丰富智慧图书馆的功能，把技术和图书信息资源结合起来，相互支撑，落实人性化管理，尽可能地满足不同用户的差异化需求。除此之外，智慧图书馆拥有的互通互联系统还能够提供其他方面的服务，比如座位预约、讲座预约等，并使服务质量得到提升。

（六）搭建“互联网＋文化产业”新模式

在互联网快速发展的背景下，互联网技术在很多领域中都得到推广使用，并且取得了不错的应用效果。互联网技术在文化产业领域中也得到了应用。互联网技术的出现，为智慧图书馆服务模式的转变提供了技术可能。智慧图书馆借助互联网技术和平台的优势，优化了服务流程，把线下服务和

线上服务结合起来，为用户带来更加便利的服务，开启了“互联网＋文化产业”的全新模式。除此之外，图书馆要对用户的需求进行深入挖掘和剖析，划分不同的用户类型，有针对性地提供能够满足其需求的服务，重视平台功能的优化管理，为文化产业的发展注入活力，使互联网资源得到合理有效的利用，并制订高效的宣传方案，扩大智慧图书馆的影响力。图书馆可以打造线上宣传平台，比如微信公众号、微博官方账号等，以此来为用户精准推送信息，满足用户需求，合理扩大服务范围，拓宽信息获取渠道，为信息使用者提供更加便利的服务，最终提高全民素质，为文化产业的发展提供内生动力。

通过以上分析可以得知，智慧图书馆建设是一个重要的发展趋势，是顺应数字化社会发展的必然结果。在建设智慧图书馆的过程中，需要综合考虑不同因素产生的影响，构建科学高效的图书馆管理体系，不断增加服务功能，为公共数字文化产业的发展提供保障。

第三章　基于用户体验的智慧图书馆建设创新

第一节　用户体验模型及其对于智慧图书馆建设的适用性

一、用户体验概念的界定

唐·诺曼（Don Norman）是首个提出“用户体验”的学者。他对用户体验的核心内涵进行了解释，指出用户体验的获取是建立在体验信息传达的基础上的，主要是通过人与机器的交互行为实现。① 用户体验（User Experience，UE/UX）是用户在使用产品的时候，会从不同的维度对产品进行感知。例如，外观、气味、触感、心理预期等。虽然有很多学者对用户体验展开研究，但是在概念定义的解释上，尚未形成一个统一的结论。其中，具有代表性的人物就是杰西·詹姆斯·加勒特（Jesse James Garret）。他认为用户体验本质上就是在产品与外界联系形成的基础上，采取怎样的方式去感知和体验产品。② 拉菲·穆罕默德（Rafi Mohammed）则表达了不同的看法。他认为，用户体验最为核心的就是体验，也就是用户的感知情况，可以从用户使用产品时的实时反应上得到呈现。ISO9241-210 标准在定义用户体验时，着重从产品和服务使用过程中的感受以及最终形成的结果上进行界定。感知和反馈内容包括很多，比如知识获取、情感态度、行为方式等。葛志良则认为，用户体验有特定的环境因素加以限制，着重对人的行为和思维进行研究。

不同研究角度会影响最终的研究结果。因此，关于用户体验的研究结论存在较大的差异。但是从共性上进行分析，这些研究结果都无法脱离产品和用户两大因素，用户对产品使用形成的体验则是关键所在。图书馆和读者之间存在的关系也可以理解为产品与用户间存在的一种特殊关系。读者会

① 胡国强，马来宏．虚拟现实和增强现实在智慧图书馆的应用［J］．图书馆工作与研究，2017(9)：50–54.

② 豆洪青，刘柏嵩．“互联网 +”高校图书馆传统借阅服务探索——以宁波大学“智慧图书馆”App 应用为例［J］．大学图书馆学报，2017，35(3)：53–58.

通过对产品和服务的感受评价图书馆，评价结果会影响用户体验。用户体验在本章的解释就是用户形成的一种主观感知，感知来自产品、服务等多个方面。

二、用户体验模型

（一）用户体验模型的分析

杰西·詹姆斯·加勒特在研究过程中对用户体验模型的构成要素进行了明确，并且对不同要素之间存在的影响机制进行了探究，精准识别和获取其内在逻辑关系。①

可以借助用户体验模型来探究影响用户体验的相关要素，但是该模型的应用范围并不局限于某个领域，其存在的功能优势日益突出，在服务工作中得到广泛应用。②借助模型分析结果，可以精准识别产品存在的功能属性，形成不同的层次。下面进行详细介绍：

1. 战略层

任何类型产品的核心都在于产品和服务的提供是否能够满足用户的需求。产品管理的最终目的就是能够挖掘更多的潜在用户资源，根据用户的需求有针对性地设计产品，提高质量服务，提高用户的满意度。③

如果开发的产品能够满足用户的需求，需要设置相应的目标引导产品设计活动的开展，不仅仅是产品目标，还包括业务目标等其他目标。对于目标制定的主要依据，需要告知用户。

从战略角度来看，可以借助愿景文档来强化对产品的管理，更好地实现产品目标，或者为客户提供更好的服务。在战略文档管理的过程中，不仅要简单设定目标清单，更为重要的是能够与开发环境结合起来，确保目标达成的条件可以得到满足。

---

① 储节旺，李安．智慧图书馆的建设及其对技术和馆员的要求［J］．图书情报工作，2015，59(15)：27-34.

② 李小涛，邱均平，余厚强等．论智慧图书馆与知识可视化［J］．情报资料工作，2014(1)：6-11.

③ 陈嘉懿．智慧图书馆的构建之道——浅谈高校图书馆 RFID 技术应用新思路［J］．大学图书馆学报，2013，31(1)：54-58.

2. 范围层

在明确用户需求和产品目标的基础上，需要进一步落实到范围层。对于决策者而言，需要把理论和实践结合起来，最终实现核心功能的顺利转化，契合用户需求。内容级主要有两大构成部分，一个是功能产品，还有一个是信息产品。对于功能产品而言，需要对功能需求规格进行转化。[①]不同的功能需求规格，要在项目开发最初阶段，明确早期的任务目标和工作内容。除此之外，在开发系统的过程中，要对产品功能组合进行明确，与最终功能产品需求保持一致。要通过功能说明，对开发工作中的函数定义进行选择。

功能需求规范应着重从产品创建决策的角度来确定，并没有设置理想的前提条件，范围层着重落实到内容要求上。[②]要对不同项目具体开展的要求进行详细说明，从产品设计角度上，可通过列清单的方式来进行一一对应说明，以让设计者对产品要求有一个全方位的了解。

范围层不仅需要明确战略层所提到的用户需求和产品目标，而且还需要对项目实现的可操作性条件进行明确。主要是因为提出的产品目标可能受到一些因素的影响，导致其在具体实施的过程中受阻，无法顺利达成产品目标。因此，在范围层中就需要提出解决方案，权衡利弊，确保项目进度不受影响。

3. 结构层

通过结构层的设立可以从整体上形成一个完整的产品概念结构。在明确用户需求后，需要对优先级情况进行排序，确保产品功能和特性与产品目标保持一致，但是由于一些零散的需求分散存在，无法形成一个整体。[③]

结构层在整个层次中起到很好的衔接作用，处于第三个层次。特定因素的提取在结构层实现，而不再局限于抽象决策上。可以根据分析结果，对存在的特定问题进行明确。用户体验的构建需要发挥交互功能作用。[④]通过

① 郑怿昕，包平．智慧图书馆理论与实践进展研究［J］．图书馆工作与研究，2015(7)：36-39.

② 田梅．基于关联主义学习理论的智慧图书馆服务模式构建［J］．图书馆学研究，2014(19)：46，64-67.

③ 许天才，杨新涯，田琳．自主创新为主导的图书馆系统研发历程——以重庆大学图书馆为例［J］．图书馆论坛，2017，37(4)：9-17.

④ 乌恩．智慧图书馆及其服务模式的构建［J］．情报资料工作，2012(5)：102-104.

结构化管理用户的需求，找到影响用户体验的关联因素，进行定性描述分析，对系统和用户行为存在的影响机制进行定义。在内容建设的过程中，可以充分利用构架信息来实现。[①] 要标注信息传达的途径和方式，对感知信息的具体过程进行了解，判断信息提供和产品供给是否密切关联，挖掘存在的内在意义。

4. 框架层

结构层与产品功能密切相关，框架层主要决定的是功能和形状的实现方式。[②]

结构层和框架层在计算过程中考虑的维度不同，前者着重考虑整体构架和交互方式，后者则是落实细节问题。

设计是确定功能性产品框架的主要实现方式。信息类型的产品在设计中还要增加导航内容。信息设计需要覆盖信息和功能的执行需求，目的是更高效地实现信息交流，两者无法单独拆分开来。它们之间关系密切，是一个不可分割的整体。[③]

5. 表现层

表现层处于最顶层，通过表现层能够获得用户的关注，为用户的感知提供直接实现方式。[④]

表现层侧重关注的内容和框架层存在差异，着重体现在产品框架层布局实现方式的分析上，产品感知体验更加直接，且得到显著提高。基于功能和内容的感知设计实际上就是终端设计。

表现层着重落实用户感知方式的确定，有以下几点内容：

味觉、触觉、听觉、视觉、嗅觉是用户对产品全方位感知所使用到的方式，产品设计过程会影响用户体验，并且直接关联产品类型。

五个不同的层次，在信息交互的过程中，主要按照从上至下的过程来实现，下一个级别的要求会直接决定上一个级别的设计内容。

---

① ［美］伊安·约翰逊，陈旭炎．智慧城市、智慧图书馆与智慧图书馆员［J］．图书馆杂志，2013，32(1)：4-7.

② 李显志，邵波．国内智慧图书馆理论研究现状分析与对策［J］．图书馆杂志，2013，32(8)：12-17.

③ 曾子明，金鹏．智慧图书馆个性化推荐服务体系及模式研究［J］．图书馆杂志，2015，34(12)：16-22.

④ 吴吉玲．数字图书馆与智慧图书馆比较研究［J］．情报资料工作，2015(2)：43-45.

每个级别决策和计划都和下一层决策有关联，彼此相互影响，是不可分割的部分。[①]

不管设计和开发产品是简易的还是复杂的，涉及的用户体验因素都是相同的。用户体验元素一个是模块，还有一个是级别。产品设计会把用户可能遇到的问题考虑其中，不同级别元素相辅相成，在交互影响的过程中，为对应级别目标的实现提供支持。用户体验的影响因素不仅仅只有模块和级别，内容也是影响因素。需要对内容设计要求进行明确，技术的使用对用户体验产生的影响也是不容忽视的。

杰西·詹姆斯·加勒特提出的关于用户体验模型的思想和概念为不同类型产品的设计提供了支持。在社会发展环境日益复杂的背景下，产品类型的设计都需要建立在充分了解用户需求的基础上。只有明确用户的真实产品偏好，才能够设计出用户满意的产品。智慧图书馆的建设就是要在获取用户需求的基础上，为其提供优质的服务，给用户带来更好的体验，提高用户满意度。[②]

（二）用户体验的四要素模型

罗伯特·鲁宾诺夫（Robert Rubinoff）在研究过程中构建了用户体验四要素模型，从四个角度探索影响用户体验的关联因素。为了得到更好的研究成果，他把理论和实证分析结合起来，对数据进行标准化处理后再展开分析，来获取相应的参数值，对执行所参照的标准进行明确。

品牌是产品美学设计的关联要素，美学设计元素的灵活使用可以起到丰富产品内涵的作用，能够塑造良好的产品形象，实现产品概念的高度整合。功能性是相关技术应用的汇总，可反映出产品功能是否达到设计要求，因为产品需要为用户带来便利。易用性是产品设计考虑的重要因素，设计的产品不仅能够简单使用，而且还能够带来较大的便利性，内容指代的就是产品本身。[③]

---

①陈远，许亮．面向用户泛在智慧服务的智慧图书馆构建［J］．图书馆杂志，2015，34(8)：4-9.

②郎玉林．智慧图书馆发展策略研究［J］．图书馆，2015(4)：77-79，84.

③侯明艳．智慧图书馆环境下高校馆员的角色转变［J］．现代情报，2015，35(5)：165-167.

（三）用户体验蜂窝模型

彼得·莫维尔（Peter Morville）在研究中构建了用户体验蜂窝模型，该模型的构成类似蜂窝煤，以此得名。①

用户体验蜂窝模型能够更加直观地表示出影响用户体验的关联因素。根据模型分析结果得知，在评估用户是否获得良好的用户体验的过程中，不能把可用性作为唯一的因素，需要从不同的维度进行综合性考虑和分析。比如，可以使用价值性来衡量评估产品设计是否能够达到预期的设定目标；可获得性主要用来衡量设计的产品是否能够满足不同类型用户的多样化需求；用户满意度用来评估设计的产品实际带来的用户满意度情况；可发现性用来衡量用户是否能够从产品中识别获取一些有价值的信息。用户能否通过使用的产品精准识别关键特征信息，以此来满足自身需求，是重要的衡量指标，可能包含一些指示性较强的操作。可信度主要用来衡量设计的产品是否能够获得用户的信任。有用性用来衡量设计的产品是否存在价值，是否能够满足用户的需求。②

彼得·莫维尔构建的用户体验蜂窝模型主要把影响用户体验的因素划分为不同的构成部分，并且解释了不同因素和用户体验之间存在的影响关系。彼得·莫维尔从四个不同的维度来探索影响用户体验的因素，可用性、功能性、品牌以及产品内涵是主要构成内容，分别从不同的维度来获取参照数值，选择合适的描述方法，对用户使用产品的情况进行打分评价。罗伯特·鲁宾诺夫和彼得·莫维尔构建的模型着重从用户体验结果上来构建评价指标体系。

三、用户体验要素模型对于智慧图书馆建设的适用性

杰西·詹姆斯·加勒特在用户体验模型构建的基础上，与信息智慧化产品逐渐联系起来，用于评价此类产品用户体验情况，为信息产品开发指明正确的方向。很多学者通过研究，对图书馆信息化产品用户体验模型进行优

---

① 陈卫静．智慧图书馆在大数据环境下的智慧分析［J］．图书情报工作，2015，59（S2）：49-52.

② 张洁，袁辉．智慧图书馆系统支撑下的学科服务实践［J］．图书馆论坛，2017，37（7）：27-32.

化，对于推动图书馆信息化发展进程有很大的帮助。

金小璞和姚媛等在研究过程中，着重利用使用者体验要素分析模型，评价移动图书馆服务。钱蔚蔚等人在研究中，把使用者体验感模型和图书馆信息服务质量评价结合起来，充分利用模型分析的优势，为制定合理的应对政策提供支持。王炼等人关注用户体验要素模型的构建，根据数字化背景下智慧图书馆建设的实际要求，探索智能发展可行性方案，实现了用户体验要素模型的合理调整。很多学者从不同的维度对用户体验感模型进行研究，借助该模型来评价智慧图书馆提供的服务，为图书资源的开发利用提供了良好的契机，更好地推动服务模式的转型发展。

智慧图书馆服务模式的转型发展非常有必要。积极构建智慧有机主体，借助信息技术，来对使用者的需求进行全方位的了解，能够为合理有效使用资源创造条件，探索效率更高的图书馆服务模式，不断提高图书馆服务质量。智慧图书馆建设中会使用到不同的技术，并不意味着不同技术的简单堆砌，而是需要进行巧妙构思，充分发挥不同技术在信息管理系统中所起到的作用，从整体上提高管理效率，为使用者提供更加贴心的服务，践行人性化服务宗旨。

第二节　基于用户体验的智慧图书馆设计模型的构建

一、基于用户体验的智慧图书馆设计模型概述

用户体验评价分析结果能够更好地为产品与服务设计提供参考。在智慧图书馆建设的过程中，为用户提供的是特殊的信息产品。智慧图书馆模型的构建，有着不同的层次，不同层次之间相互关联，相辅相成。图书馆有其存在的价值，是保存人类文化的重要场所。因此，图书馆具备存储性和传递性两方面的特征，包括不同的影响因素，比如用户需求、技术、智慧服务等。在构建智慧图书馆模型的过程中，可以在用户体验要素模型的基础上，明确用户需求的重要性，筛选合适的要素，构建完整的分析模型体系，以更好地实现智慧图书馆建设目标。

二、基于用户体验的智慧图书馆设计模型层级框架分析

在构建智慧图书馆模型构建的过程中，想要更好地掌握和了解用户体验效果，就需要着重从以下几个方面加以落实：在确定模型基本框架的基础上，对用户体验情况展开详细且深入的探究分析，根据分析结果，选择合适的方式，进行优化改进，提高用户体验。模型主要包括四个层次，不同层次之间关系密切，要按照由下至上的原则进行设计。不同层次对应着不同功能，要着重对其中的一些细节进行把握。不同层次存在的问题不同，问题的难易程度也不同，层次越靠上，实际处理的问题数量越多，提出的要求越具体。

模型中的不同层次相互关联，关系密切，不同层次涉及的问题不同。明确不同层次之间的关系，能够更好地提高智慧图书馆的用户服务体验。智慧图书馆的建设有其自身的特点，下面从四个不同层次来探究不同层次之间的关系及其相互影响。

（一）智慧图书馆设计模型的战略层

智慧图书馆的建设需要考虑图书馆提供的服务是否能够满足用户的需求、是否对用户有较强的吸引力、是否能够为用户带来高效贴心的服务，这些都是建设智慧图书馆需要考虑的问题。因此，在建设智慧图书馆的时候，需要从不同的渠道和途径获取用户的需求信息，在设计阶段把用户需求信息考虑在内，明确建设智慧图书馆的主要目的和用途，提出战略层的内容。从主要目的上分析，建设智慧图书馆所需要达成的主要目标，一个是满足用户需求，另一个是为用户提供智慧服务。用户是指图书馆馆员以及读者；智慧服务则是根据设计要求，为用户提供智慧服务，不断提高服务质量，提高用户满意度。战略层要求通过调查来获取用户偏好需求，根据获得的结果再进行设计，以保障目标的顺利实施。

如果智慧图书馆设计者所表达的内容能够得到明确，就能够有针对性地给出改进意见，对用户的实际需求有一个清晰认知，能够制定有效方案，更好地促进智慧图书馆和用户的交互，实现信息资源的无障碍流通。要确定优先级别，然后再按照目标顺序来逐一落实。对目标存在的逻辑关系要有一

个正确认知。

（二）智慧图书馆设计模型的范围层

从战略层来确定建设目标之后就需要发挥范围层的作用，通过智慧图书馆来为用户提供所需要的信息资源，通过这一过程来更好地落实智慧服务，提高服务质量，满足用户需求。在智慧图书馆设计模型的最初阶段，需要做好功能定位，对可能存在的问题有一个大致了解即可，通过服务管理来不断提高用户满意度，并非提前进行规范限制，而是落实到智慧馆员服务能力和智慧技术的熟练操作上，能够为设计者提供参考，为后续工作的开展做好准备。

范围层的工作在实际落实的过程中，需要考虑战略层的要求，根据战略层确定的大致范围与要求，来进一步明确不同的需求，并考虑存在的条件是否能够达成用户需求。范围层的工作还需要考虑用户需求是否在智慧图书馆提供的服务范围内。在信息技术水平不断提高的背景下，技术应用优势得以发挥，但是依旧存在一些问题是当前技术无法解决的。范围层进一步阐述战略层提出的目标和概念，判断是否可以在实践中达成。

范围层的工作是图书馆服务价值创造的重要层面，最初设计智慧图书馆的时候，设计师的设计依据是大范围调查的结果，集中反映出矛盾和需求。现实世界存在的矛盾更加复杂，需要从中提取能够在这一层次解决的矛盾。

（三）智慧图书馆设计模型的结构层

完成以上两个层级的工作后，就需要进一步落实智慧图书馆定位管理，对比分析传统服务模式和转型后服务模式的差异，深度挖掘契合市场需求的特色服务，纳入智慧图书馆建设范围，对分散的要素进行汇总，逐渐形成一个完整的体系。对于结构层而言，要把重点放在服务模式化、顺序化上，科学高效地整合资源，为用户提供满足其需求的智慧服务。

在构建智慧图书馆的过程中，需要了解用户的阅读习惯以及书籍借阅归还规律，把客户需求认知理论作为核心指导理论，判断分析提出的方案是否能够在现实中得到应用，实现信息的精准提取、使用和传递，尽可能地满足用户需求，带给用户更好的体验，充分发挥智慧系统的作用，提高服务管理效率，不断优化服务。

(四) 智慧图书馆设计模型的表现层

在智慧图书馆技术升级和目标设计工作完成的基础上，初步形成智慧系统。智慧图书馆在服务提供上存在一定的局限性，主要体现在智慧资源和服务上，包括智慧借阅、定位以及定制服务提供等方面。表现层则是从系统设计角度着手，把实体和虚拟资源结合起来，充分发挥文献资源的使用价值，提高用户感知满意度，为最终设计方案的确定提供参考。

第三节　基于用户体验的智慧图书馆模型应用路径及提升策略

智慧图书馆是建设智慧城市的一项重要内容，也是顺应时代和社会发展的必然趋势。在信息技术应用范围不断扩大的背景下，图书馆需要积极转型发展，朝着智慧化发展的方向转变，为读者提供更好的服务。当前，关于智慧图书馆建设的文献资料不断增多，综合来看，要构建智慧图书馆模型，可以从以下几点加以落实。

一、加强智慧资源建设的数量，提升资源的质量

智慧资源与用户需求是否存在较高的匹配度，会直接影响用户体验。两者呈现显著的正向影响关系，意味着智慧资源体量和用户体验之间有密切的影响关系。要想充分发挥智慧资源的作用，提高服务质量，可以从以下两方面展开。

(一) 资源的数据化

图书馆资源是提供智慧服务的重要保障。随着信息技术水平的提高，各种先进的信息技术得到推广和使用。纸质资源的使用会占据较多的空间，造成浪费。智慧图书馆的发展可以有效解决这一问题。智慧图书馆在建设过

程中，需要充分发挥信息技术的优势，深入挖掘图书资源，根据用户的差异化需求，对资源进行数据化管理，确保能够更好地满足用户需求。

（二）资源的智慧化

智慧图书馆在对数据资源进行管理的过程中，需要使用一些智慧管理方式来提高管理效率。资源智慧化的内涵可以从两个方面进行阐述：首先，建设智慧型资源；其次，实现资源揭示智慧化。开放式发展模式是契合智慧图书馆建设的可行性模式，主要遵循从上至下的原则，把用户个体需求和机构全体需求放在首位，为智慧图书馆的建设指明方向，形成以图书馆、机构以及用户为三大核心主体的协同资源建设体系。借助大数据技术和云计算技术，通过汇总分析用户的历史浏览信息，对用户的偏好进行分析。通过更加直观的数据图进行表达，形成智慧分析报告，推动我国图书馆建设朝着更加智慧化的方向转型。除此之外，图书馆还需要在分析用户资源使用行为的基础上，在海量信息中快速、准确地提取关键数据信息，实现图书资源的高效整合，实现智慧化建设发展目标，为用户提供个性化定制服务，带来更好的服务体验。

二、完善智慧系统建设，提升系统用户体验满意度

通过调查结果可以得知，智慧系统的实际应用效果会直接影响用户体验满意度。在建设智慧图书馆的过程中，需要不断优化智慧服务系统，为用户带来更加便捷高效的服务，提高系统运行的稳定性与安全性。

（一）建设综合性的智慧系统

智慧图书馆在实际建设时需要逐渐形成综合性智慧系统，着重从信息采集、信息分析、信息存储以及信息感知等方面进行落实，以达到预期的信息共享效果。要想充分调动智慧图书馆发展的内在动力，就需要先建立指挥系统，借助智慧技术来深入挖掘可用的数据资源，借助智慧系统来对数据信息进行深入剖析和挖掘利用，借助智慧技术的优势积极进行改进与优化，搭建契合智慧图书馆发展的综合性智慧系统，实现智慧资源与整个系统的交互，提供数据支持和资源保障。智慧系统建立在人机互动的基础上，目的是

为用户提供更加优质的服务，为智慧图书馆的稳定有序运行创造条件。

（二）优化智慧图书馆网页界面设计

智慧图书馆在实际建设时需要注重网页界面的优化设计，这样能够为用户带来更加简单便利的智慧服务。通过搭建智慧图书馆交互式网站可以为智慧图书馆和用户之间的交互提供平台支持，充分挖掘和利用数据资源的优势，为用户带来更好的体验。用户可以通过网页界面对智慧图书馆提供的各种服务内容有一个清晰明确的了解。智慧图书馆可以对网页进行区块划分，为用户浏览数据信息提供保障，避免干扰因素带来的负面影响。在移动设备广泛应用的背景下，手机版网络也应该得到落实，应将其纳入智慧图书馆建设内容当中，通过优化设计，提供使用更加便捷的移动端网页，真正地实现随时随地的服务。

三、提升智慧图书馆智慧服务质量，加大智慧馆员培训力度

在智慧图书馆建设发展的背景下，需要有意识地提高服务质量，加大对智慧图书馆馆员的培训力度。通过大量的实证研究结果得知，智慧图书馆智慧服务质量和用户体验两者关系密切，是正向影响关系，不能忽视两者间存在的影响机制。智慧图书馆可以通过提升智慧服务质量，给用户带来更好的体验。智慧图书馆智慧服务的提供是其区别传统图书馆的关键所在，可以充分发挥智慧技术的作用，为智慧服务质量的提升提供重要技术支持。构建契合用户需求的智慧服务管理体系，不断优化资源整合管理的实施流程，能够提高业务开展效率，缩短用户等待时间。智慧图书馆要密切关注用户需求的波动变化情况，及时做好信息反馈；要根据用户需求的变化情况，为用户提供个性化定制服务，提高用户满意度。从形式使用的角度来看，智慧服务是核心构成部分，智慧集成方法可以确保智慧服务在实践中得到落实。智慧图书馆提供的服务非常特殊，为用户提供的信息产品、数据资源是否可以得到高效整合利用、是否能够通过深入挖掘知识实现知识增值等都非常重要，影响智慧服务发展方向。智慧图书馆可以通过智慧服务的创新来为用户提供多元化服务，扩大其影响力。

智慧馆员是支撑智慧图书馆发展的重要参与主体，智慧服务是由智慧

图书馆馆员提供的。在图书馆智慧化转型发展背景下，对图书馆馆员提出了更高的要求。智慧馆员需要立足自身，秉持终身学习的理念，不断提高自身的专业水平和职业道德，增强服务意识，对智能服务的内涵有一个清晰明确的认识。在构建智慧图书馆的过程中，需要培养创新能力强、服务质量好的工作人员，更好地为智慧服务的开展奠定基础，提供动力支持。不同馆员的知识水平和信息素养都存在着差异，图书馆需要制订差异化培训方案，确保能够达到专业服务水平提升的目的。智慧馆员在实际工作中负责较多的工作，扮演多重角色，在智慧服务管理系统运行中发挥着关键作用。图书馆需要对培训效果进行跟踪管理，判断是否达到预期的培训效果，及时做出培训方案的调整，不断提升智慧馆员的综合素质。

四、提升图书馆智慧技术，加强智慧图书馆信息化建设

通过实际调研结果得知，智慧技术的使用可以保障智慧图书馆智慧服务工作顺利开展。智慧技术是否得到合理使用，也会影响用户体验。在建设智慧图书馆的过程中，需要重视图书馆智慧技术的开发和应用，确保整个管理系统可以得到高效运行。

1. 新型技术的应用。通过引入新型技术，可以在很大程度上提高用户满意度。尤其是建设智慧图书馆，智慧技术所起到的作用不可替代，能够为智慧图书馆的建设发展提供技术保障。随着信息技术的发展，其所承载的属性标签也就越来越明显。智慧技术是上升到一定程度的技术，比如物联网技术、人工智能技术、云计算技术等。这些都是应用潜力较大的高新技术，建设智慧图书馆需要得到这些技术的支持，如此才能更好地挖掘数据资源，根据用户的实际需求为其提供契合度更高的信息资源，提高用户满意度。

2. 在信息社会背景下，信息化发展是一种必然趋势，很多领域都开始进行信息化转型发展。信息化建设在智慧图书馆建设上起到重要作用，在具体落实信息化建设的过程中，能够对图书馆的馆藏资源进行精准统计分析，采取自动化图书资源盘点、上架等工作模式，在大量数据资源中，快速提取满足用户需求的数据资源，用户借阅图书的成本明显下降。除此之外，图书馆各项建设内容关系密切，相辅相成。要明确其中存在的关系，着手落实信息化建设，为智慧图书馆的持续稳定发展创造条件。

第四章　智慧图书馆阅读服务的基础理论

第一节　图书馆阅读服务概述

一、图书馆阅读服务的含义

“阅读服务”也可以称为“阅读促进”，是在“阅读辅导”“导读”“读书指导”“阅读宣传”“阅读营销”等概念的基础上发展而来的。由于阅读服务活动涉及面广、灵活性强、可拓展空间大，所以有狭义和广义之分。狭义的阅读服务主要指围绕某一主题开展的具体阅读活动。阅读服务是一种新型的、介入式的图书馆服务，其目标人群是全体公民，重点是特殊人群，活动化、碎片化是主要特征。其主要目的是使不爱阅读的人爱上阅读，使不会阅读的人学会阅读，使阅读有困难的人跨越阅读障碍。

图书馆的阅读服务是图书馆利用其信息资源、设备设施、专业团队和社会关系等各种条件，鼓励各类人群成为图书馆的读者，并使其形成阅读兴趣、养成阅读习惯或提升信息素养的各种实践。

阅读服务并非图书馆的独家专利，其他各类机构组织也能通过各种手段，利用其自身的特点和优势，向目标人群施加影响，使其形成阅读兴趣或阅读习惯，或从事与阅读相关的各类活动，这些都是阅读服务。教育机构往往着眼于“学会”阅读、掌握阅读技能即可，而图书馆是提供终身学习的场所，不仅致力于全面满足各类读者的阅读需求，也提供各类阅读的“全程监护”，同时在阅读内容、阅读手段和阅读方法上都能给予配合和指导，即致力于信息素养的培育工作。在当今数字时代，图书馆更应该承担起“数字素养”的培养和保障职责，这是其他任何机构组织开展阅读服务所无法比拟的，是图书馆在阅读服务方面的核心竞争力。

二、图书馆开展阅读服务的主要方式

（一）书目推荐

图书馆在进行书目推荐的时候以馆藏推荐为主，但是并不完全限定在馆藏推荐，大概有以下几种方式：

1. 借阅排行

借阅排行是图书馆采用得比较多的一种方式。很多图书馆提供周期为一个月、一个季度或者一年的借阅排行。有的图书馆按类提供借阅排行。

2. 新书推荐

新书推荐也是图书馆采用得比较多的一种方式。有以下几个途径：一是设置专门的新书书架，二是对新书进行定期巡展，三是网络推荐。

3. 编制主题书目

编制主题书目指图书馆根据需要，将本馆关于某一个主题的资源进行揭示和宣传。尽管称为主题书目，但是实际上涵盖的范围除图书之外，还包括报纸、数字馆藏等。

4. 馆员推荐

图书馆馆员对资源比较了解，让馆员推荐图书可以充分发挥馆员的作用，并激发馆员的热情。

5. 读者推荐

读者是图书馆非常重要的资源，图书馆一定要有意识地将读者资源组织起来。具体到阅读服务中，可以充分地让读者进行推荐。让读者进行推荐的方式多种多样，比如苏州独墅湖图书馆在阅览室放置图书推荐圣诞树，在树上挂满了小卡片，读者可以把他认为值得推荐之书的书名和推荐理由写在上面。这里要强调的一点是，推荐方式一定要适合读者群体的特点。[①]

（二）常规读书活动

除了馆藏推荐，图书馆经常采用的阅读服务方式就是举办各种各样的读书活动。在这里强调常规，主要是希望我们的读书活动常态化。它应该是

① 蒋小峰 .2007—2016 年图书馆推荐书目服务研究综述［J］. 新阅读，2019(10)：52-57.

图书馆的一项基本的服务内容，而不是临时性的、偶然性的活动。因为阅读习惯的培养不是一次两次阅读活动就能实现的，必须是一个长期的过程。

图书馆服务的人群比较多样，其中儿童、青少年和老年人是图书馆提供阅读服务的重点人群。针对不同的人群，会有不同的方式。

1. 面向儿童

图书馆面向儿童的读书活动主要是“故事时间”，“故事时间”主要由专门的儿童图书馆馆员或者图书馆聘请的志愿者“故事妈妈”“故事姐姐”等来负责。各个图书馆，不管是总馆还是分馆，每个星期至少安排一次面向不同年龄段的“故事时间”。“故事时间”中，儿童图书馆馆员用非常夸张的语气和表情讲故事，并且故事结束后一般有和故事相关的延伸活动，比如做手工、画画等。很多图书馆都开展了“故事时间”这种儿童读书活动，也非常生动，稍显不足的是儿童年龄阶段细分不够，另外对 3 岁以下儿童开展的“故事时间”读书活动比较少。

2. 面向家长的指南、讲座

要培养一个热爱阅读的孩子，首先要让家长认识到让孩子阅读的重要性。因此，图书馆必须跟进对家长的指导。很多图书馆请教育专家或者阅读方面的专家开展面向家长的讲座并进行现场辅导。同时，很多图书馆和阅读服务机构推出面向家长的手册和指南，帮助家长了解、掌握孩子阅读的基本方法和技巧。这些指南一般篇幅短小，言简意赅，风格明快，配有插图。对于孩子来说，一切都意味着行动。家长要让孩子参与其中，从而使他们持续提升语言能力并喜爱书籍及阅读。每一天都要有让家长参与到对话中的机会。

图书馆可以从国内外阅读机构的网站上获得大量的给家长的建议，把它们制作成精美的宣传单或者小册子，在图书馆、超市、银行等场所发放，一方面提升图书馆的影响力，另一方面切实促进儿童的阅读服务。

3. 针对青少年

图书馆一般采用以下 3 种方式促进青少年的阅读。

(1) 读书俱乐部

读书俱乐部和“故事时间”稍微有些区别，读书俱乐部侧重的是青少年之间阅读经验的交流分享和互动。这些读书俱乐部除了采用线下交流的方式，还有很多采用网络讨论的方式。

(2) 主题读书活动

针对青少年的特点，图书馆可以开展各种不同主题的读书活动，比如北欧一些图书馆开展的动漫之夜、侦探之夜、音乐之夜、幻想之夜等。侦探之夜会把场景布置成案件发生现场的样子，请侦探小说家来和青少年进行交流等。

(3) 竞赛和挑战

很多阅读服务项目推出了各种书评比赛、视频制作比赛，比如洛杉矶图书馆向青少年推出的书签设计大赛、四联漫画比赛（用漫画的形式描绘出他们心目中的图书馆）。除了竞赛，还有一些阅读服务项目以个人挑战的形式进行，并不比出名次，而是设定一个目标，只要青少年达到目标，就给予相应奖励。比如看完两本书，学生会得到一个铜牌；看完四本书，学生会得到一个银牌。

4. 面向老年人

老年人阅读需求相对比较集中，他们多关注保健信息。图书馆有时会和老年中心等机构合作，面向老年人的阅读服务主要有读书俱乐部、重温旧时图书、用方言朗读等方式。

（三）大型宣传活动

除了常规的读书活动，图书馆每年都会进行一些大型的宣传活动。在世界读书日或者重大节日，比如“六一”儿童节、国庆节等，图书馆会邀请政府部门领导和相关人员，举行比较隆重的仪式。对于这类大型宣传活动，目前业内有不同看法，但很多专家认为这种广场式的活动是有必要的。

三、图书馆阅读服务的特点

图书馆的阅读服务，无论是以馆藏为中心，还是以读者为中心，与其他行业的阅读服务相比，有四个方面的显著特点。

（一）全面性

阅读服务是对现代图书馆基本理念的实践。虽然从具体的阅读服务活动来说，它应该是有确定人群和主题的，但总体而言，图书馆阅读服务的对象应该是全体公民，是全方位、全覆盖的。

（二）系统性

与其他机构的阅读资源相比，图书馆馆藏最大的不同在于其是经过有序组织的，凡是纳入图书馆馆藏体系中的资源，均是经过筛选和加工的，有一定的质量保证和权威性，本身就带有许多知识之间关联关系的描述。图书馆提出的阅读服务可以做到如同它的馆藏发展一样有体系、有规划，涉及各个学科领域、各种类型和层次的读者。

（三）职业性

图书馆本身就是因阅读而存在的，提供阅读是图书馆的天职。长期以来，图书馆虽然并不注重主动开展阅读服务活动，但图书馆作为一种制度设计，其长期存在本身就是推广阅读、推崇知识的象征。现在，图书馆界已经意识到阅读的危机就是职业的危机，开始主动地将阅读服务活动纳入其业务流程，将阅读服务作为图书馆的一项基本服务，从而将图书馆的职业能量得以释放。

（四）专业性

图书馆工作长期积累的对于资源、载体、组织、描述、揭示、检索以及业务管理等方面的专业知识，构成了图书馆学的丰富内容。阅读服务需要针对不同的资源类型、内容特征、组织方式，以及不同的读者对象，采取不同的推广策略、方式，以不同的指标进行评估测量等。在这方面，图书馆学的既有研究成果就能发挥一定的作用，不仅有助于提高阅读服务工作的水平，而且能使阅读服务的研究一开始就具有一个很高的起点，使其更加具有科学性和专业性。总之，阅读在数字媒体时代被赋予了比传统媒体时代更多的含义。

图书馆通过提供环境、工具、材料，以及介绍、示范、体验、介入、参与等方式进行影响和引导，让读者能够通过上网、使用软件和各类应用，利用各类数字终端设备接触到最新的数字环境。这也是阅读服务的工作内容，是图书馆义不容辞的责任。让读者在图书馆提供的环境中进行交流学习、培养创新能力、建立众创空间也成为一种必然，这样也赋予了图书馆空间服务新的内容和意义。只有把阅读服务与图书馆服务有机地结合起来，才能推动业务发展，反过来真正地将阅读服务纳入图书馆的主流业务中去。

四、新媒体环境下图书馆阅读服务的趋势

在21世纪的今天，科学技术在迅速发展，人们的阅读方式也发生了一定的变化。因此，在新媒体时代的背景下，图书馆阅读也发生了变化。图书馆的相关管理者需要强化对阅读理念的推广，在保护传统阅读模式的前提下，对阅读模式进行创新，这样才能够满足广大读者的阅读需求。从传统阅读和创新阅读两个方面入手开展阅读服务活动，既能保持传统阅读的习惯，又能满足新媒体时代下的阅读需求，对于提高我国人民的阅读率、促进书香社会的建设和发展具有重要的积极意义。

（一）数字化阅读服务平台逐步普及

随着图书馆数字化技术的发展，具备虚拟与现实结合、自动识别、数据海量储存、自动化管理特征的数字化服务平台在图书馆中的应用逐步深入，这就为图书馆开展数字化阅读服务活动奠定了硬件设施基础。一方面，数字化阅读服务平台的普及缩短了社会大众与图书馆在时间和空间上的距离，使阅读服务内容的传播更加快捷。另一方面，图书馆在阅读服务过程中的服务形式和服务内容也伴随着数字化阅读服务平台的搭建得到了全面的更新。目前，国内图书馆界将数字技术与阅读服务活动相结合的发展模式已逐步兴起，并积累了一定的经验。大部分图书馆能够通过自媒体和新媒体，依托丰富的数字馆藏资源，实现对网络阅读服务对象的多元化优质服务。

（二）多元化导读推介服务深入开展

实践证明，在图书馆阅读服务活动中利用导读推介法引导读者进行阅读，具有很好的推动效果。[①] 在对图书馆馆藏资源进行统计的基础上，进一步编制出位置、目录、阅读量等相关信息，既能够让读者有目的地进行阅读，提高阅读效率，又能够起到引导阅读的作用。例如，无锡市图书馆定时

① 李清．新媒体时代图书馆的阅读引导模式探讨［J］．智富时代，2018(10)：99.

免费发放读者简报，详细介绍图书馆内的馆藏资源更新信息及图书推介信息，从而引导读者更加主动地参与图书馆阅读服务活动。另外，无锡市图书馆内还设置了新书推介专栏，让读者及时了解图书馆的新书上架情况，方便读者阅读；在图书馆一角还有服务建议专栏，有需求或者有意见的读者可以留言，图书馆会根据读者的要求进行及时整改或答复。

（三）阅读服务形式多样化发展

以服务当地群众普遍化和个性化阅读需求为基本出发点，各地区图书馆的阅读服务形式日益丰富多彩。总体来看，主要有公益性讲座、经典阅读推介会、阅读征文、阅读沙龙、专题阅读背景文化交流等形式[①]。这些阅读服务活动为当地各阶层群众获取知识、提高文化水平、接受业余教育提供了多样化的参与途径，同时有效引导了更多的群众走进图书馆、利用图书馆。此外，部分图书馆还创造性地开展了阅读猜谜会、旧书交换沙龙、亲子阅读等群众喜闻乐见的阅读服务活动，从而有效吸引了多方参与，提高了群众的阅读意识和阅读兴趣。

（四）阅读服务品牌价值逐步形成

阅读服务品牌的形成是图书馆宣传阅读服务活动、扩大社会影响力的有效途径之一[②]。同时，品牌价值也是阅读服务活动多元化开展和可持续性发展的前提和基础。只有在品牌的魅力之下，阅读服务才能逐步深入人心，形成群体效应。

从当前的发展情况来看，一些大中型城市图书馆的阅读服务活动的品牌价值已初步呈现。其中，较为知名的主要有国家图书馆主办的“世界读书日”活动、南京图书馆主办的“南图讲座”、上海图书馆主办的“书香上海”以及深圳图书馆主办的“深圳读书月”活动等。

---

① 谢蓉，刘炜，赵珊珊．试论图书馆阅读推广理论的构建［J］．中国图书馆学报．2015(5) 87-97.

② 石继华．国外阅读推广的品牌化运作及启示［J］．图书情报工作，2015，59（02）：56-60.

第二节　智慧图书馆阅读服务途径及其构建

一、加强智慧管理

（一）培养智慧馆员

在建设智慧图书馆的过程中，智慧馆员是一个关键性要素。智慧馆员为智慧图书馆建设注入了创新的活力。

面对新的发展形势，智慧馆员需要迎接来自不同方面的挑战，在确保用户所享受的智慧服务具有更高的质量的同时，需要发挥新技术的优势，更好地理解用户的诉求。在大数据的基础之上，分析用户的潜在诉求、自身行为、阅读趣味等，紧紧围绕用户的个性化诉求开展阅读服务。这些也要求图书馆员自身拥有过硬的素质。馆员除需要掌握新技术之外，也需要学会使用新的设备，引导用户更好地获取知识，完成对知识的系统整合。面对这种情况，图书馆需要持续加强馆员队伍建设，让馆员队伍的智慧化水平更高，便于持续开展智慧服务，为将来的创新工作奠定基础。

要强化馆员的业务素养。对于图书馆而言，需要制订具体的培养方案，让馆员拥有较强的专业素质。同时，图书馆也要为馆员的成长创造较好的环境，加强他们的业务技能学习，提升他们的跨学科能力。图书馆要引导馆员掌握各种各样的现代技术，包括物联网、云计算、大数据、人工智能、心理学、营销学、管理学等。图书馆要强化与其他部门、社会组织之间的联系，让馆员拥有相互交流的广阔平台。①

要让馆员拥有较强的创新思维。馆员也应该看到创新素质对于自身发展的重要意义，在具备专业素质的同时，持续创新。馆员要更新固有思维，掌握新的知识与理论，努力提高自身的知识水平。图书馆要为馆员的创新提供宽松的环境，鼓励他们积极创新，持续推进创新激励体系完善。

① 朱玲玲，茆意宏，朱永凤等 . 图书馆员智慧服务动力机制的探索性研究［J］. 国家图书馆学刊，2020，29(06)：20-31.

(二) 加强智慧管理

对智慧图书馆进行管理的过程中，要强调与用户之间的协同性，引导用户积极参与，制定多种多样的举措，包括强化管理、完善管理系统等，让用户更多地参与决策，优化管理流程，对图书馆的使用详情进行分析，确保图书馆的决策具有更高的质量。图书馆要吸引用户参与到图书馆的管理过程之中，因为他们是最为直接的利益相关者。要利用图书馆用户的智慧和力量，凝聚集体智慧，更好地完成个体无法完成的任务。这样做的意义就在于，用户和图书馆之间是彼此合作的关系，能够通过集体智慧破解发展难题，不必仅靠图书馆少数人的能力。要尽可能减少个体做决定时的阻碍，降低成本，让更多的人参与复杂任务的处理。利用智慧管理，公共图书馆服务质量更高，服务效率也更高，能够更好地服务于教育事业的发展。同时，也能够获取有关社会服务的多种信息。

对智慧设备进行管理时，图书馆也要做到智慧化，要构筑系统的信息安全管理体系，不断推进馆务工作的信息化，提高信息服务系统应用的水平，增强其自动化能力。这样一来，各个数字图书馆之间建立了紧密的联系，彼此互通，确保了图书馆业务管理向着网络化、智能化的方向发展。

二、强化科技驱动

(一) 注重新技术的研究，创新服务内容

随着信息技术的快速发展，公共图书馆利用新技术实施创新驱动发展战略，在科技的驱动下创新服务内容。图书馆应将科技创新与公共文化服务有效融合起来，提升图书馆的整体服务水平。大力推进大数据技术、云计算技术、移动互联网技术、物联网技术等的研究，为图书馆转变服务模式、丰富服务内容，满足人民群众新时期的需求提供技术支撑。利用关联数据、聚类分析等进行交叉研究，实现公众阅读热点预测。重视大数据技术在公共文化服务体系中的应用，对读者多元化的阅读需求进行动态分析。完善网络体系等基础设施建设，通过 RFID 等物联网技术实现文献的智能化管理。充分利用技术、新媒体等与图书馆服务相结合开展智慧创新服务，为用户提供个

性化、泛在化的服务，增强图书馆与用户之间的互动，实现用户服务的智慧化，打造既有文化传承又符合未来人们多样化需求的智慧型图书馆。

（二）加大信息安全保障系统建设

图书馆应该加大对数据安全的保护力度，并完善信息安全风险评估，建设信息安全监控体系。提高应对网络安全事件并进行事前防范的能力，减少有害信息的传播。健全信息安全应急指挥和安全通报制度，不断完善信息安全应急处置预案，增强信息基础设施和重要信息系统的抗毁能力和灾难恢复能力。加大对信息安全保障工作的资金投入，加强上网信息的审查和管理，防止不良信息的发布和传播，确保图书馆信息资源和服务绿色、安全。

三、打造智慧空间

智慧图书馆的服务方式及服务模式相较传统图书馆来说都已经发生很大的变化。要使用户之间实现最广泛的互联与信息的共享，图书馆应以人为本，积极推进智慧化服务和管理，为读者营造一个自由、互助、参与的文化信息共享空间以及创意空间。

公共图书馆应不断探索智慧化服务空间的再造，为专业人员和普通读者搭建主题服务知识平台和体验专业技术的空间。对接智慧城市建设和智慧生活服务，加大智能感知和泛在服务环境建设，实施图书馆空间连接再造。提供面向各层次用户群体的文化科技融合体验服务，如工具提供、新技术展示、全媒体阅读体验、创新空间开设、信息素养培训等。完善和提炼“创新空间”等空间再造新模式，为读者和用户提供更多不同主题、低成本、便利化、全要素、开放式的“众创空间”，培育和激发读者的创新思维。强化与社会其他“众创空间”的合作交流，联合举办创意展览、创意课堂等，搭建交流创新思想和展示创新成果的平台。服务所有“创客”，提供有价值的信息、情报和知识服务，打造互联网环境中的创新创业服务平台。

四、加强对外合作与交流

公共图书馆要以图书馆联盟为平台，以科研合作与业务协作为支撑，推动图书馆间的交流与协作。积极组织参与地区性或全国性学术研究活动，推进业务合作项目的开发与深入开展。加强与高等院校图书馆、科研院所图书馆等各类型图书馆之间的资源共享与协同服务，建立资源互补、互利共赢的合作机制，加强国内行业之间的合作交流。

要积极开展国际交流合作，拓展对外交流的深度与广度，扩大影响力，扩大交往范围。积极开展并参与有关国际组织和行业组织的活动，不断拓展国际合作领域与合作范围，进一步发展与国外图书馆的友好关系。通过学者访问、业务培训等方式，学习借鉴国外先进图书馆的办馆理念、技术和手段。通过建立图书馆联盟、建设信息共享与服务平台等方式，推进与世界主要国家和地区有影响力的大馆之间的务实合作。

第三节　智慧时代下的图书馆移动阅读服务

随着移动互联网的普及，图书馆数字资源的服务形式越来越向手机、平板电脑等移动终端发展，实现了阅读资源经典化、碎片化、个性化相融合的移动阅读模式。用户可以通过 WAP 站点浏览阅读，可以下载 App 客户端进行阅读，可以借助微信进行资源的碎片化、个性化阅读。移动阅读无论是服务形式还是服务内容，均借助移动服务终端不断增加新的功能，在丰富服务形式的同时，不断深化、整合阅读资源的服务内容，以随需而动的服务理念契合用户个性化、碎片化、专业化等多样化的阅读需求。

一、图书馆移动阅读服务实践背景

移动阅读服务的出现是在数字图书馆技术和移动互联网技术日趋成熟和普及的背景下出现的一种阅读服务形式。图书馆移动阅读服务初期是以数字图书馆资源作为移动服务的底层资源，利用技术实现阅读资源的可移动化，以满足用户对阅读资源的移动浏览、下载和阅读需求，借助移动终端设备实现图书馆资源服务的可移动化，并探索在移动终端实现馆藏资源搜索、到期提醒、预约借书、续借服务等移动 OPAC（联机公共目录查询系统）服务，开展图书馆新闻、通告、新书通报等信息服务。但由于可直接用于移动终端阅读的资源十分有限，同时受终端操作系统的限制，初期的移动阅读服务没有很好地解决各类阅读资源的统一检索、统一调度和全文阅读的资源利用问题。

近年来，随着通信技术的进步和智能手机移动终端的快速普及，微信、微博、App 客户端等新媒体应运而生，使文字信息传递不再是简单的短信文本，而是丰富的图像、声音并茂的文档。这种可以显示声音、图像等多媒体信息的传递方式成为人们获取知识信息的重要手段。图书馆利用这些多媒体的信息传递方式不断扩展和优化移动阅读服务，进一步提升图书馆移动阅读的服务水平，不但提供了移动阅读经典化、系统化服务方式，而且发展了互动化、个性化、碎片化等多媒体服务方式，极大地丰富了移动阅读服务的实践形式。

二、移动阅读服务策略类型分析

（一）影响图书馆移动阅读服务的因素

1. 无线网络对用户的影响较大。虽然无线网络并不是移动阅读的必要条件，但毫无疑问，没有无线网络，随时随地获取资源将不能实现。

2. 需要关注移动阅读服务的可用性。通过移动设备借书的过程比较复杂，对读者使用图书馆移动阅读服务有较大的影响，这是当前在图书馆移动阅读服务讨论中涉及较多的一个话题。

3. 内容受到关注。数字图书馆建设中最重要的是为用户提供其需要的资源，如果没有读者需要的内容，数字图书馆对读者的价值就会减弱。即使能够提供内容，但如果内容与读者的设备无法兼容，阅读也会受到影响。不过，与是否能提供需要的内容相比，兼容问题所受到的关注较少，这是因为随着移动智能终端的普及，安装支持不同格式的客户端成为可能。

4. 人们已经具备接受移动阅读的条件。对于图书馆宣传、环境干扰、阅读心理、设备类型等传统上认为影响移动阅读的因素，读者却认为不会对其阅读构成影响，特别是环境干扰和阅读心理。设备类型被认为最不会对移动阅读造成影响。

通过对图书馆中以年轻人为代表的各类型读者的调查，了解读者对图书馆开展移动阅读服务的需求特点，对于建立以读者为中心的服务模式具有积极的价值。总体来讲，调查结论可以归结为如下几点。

第一，在硬件服务的两种载体获取方式中，读者对将硬件借回家的需求远没有在馆内使用强烈。分析发现，这同读者对将硬件借回家引起的成本和安全担心有关，而在馆内使用则不存在这些担心。硬件服务的两种内容获取方式：由馆员预装资源和读者利用所借设备自行下载资源，均受到读者欢迎，且差异不显著。硬件服务能否被读者接受，需要建立完善的和被读者认可的服务制度。如关于借期和押金，多数读者认为，不超过1个月的借期是可以接受的，读者认可的押金范围是600元以内。因此，图书馆提供硬件服务，不能严格按照硬件本身的成本设定押金标准。

第二，关于读者需要的硬件类型，就国内一般观点而言，以智能手机、平板电脑为代表的智能终端将取代单纯阅读用的电子书阅读器，电子书阅读器被认为是一种过渡产品。不过本次调查显示，在读者所使用的设备类型中，电子书阅读器仍然占有一定的比重，而且在希望图书馆提供的硬件类型中，电子书阅读器是三类主流设备中最为读者所需要的产品。作为一种专用阅读设备，电子书阅读器以其特有的功能和针对阅读的定制性能，满足了人们对专注性阅读的需要。因而，从这个意义上讲，电子书阅读器被边缘化的观点是值得商榷的。

第三，硬件与内容均是读者需要的服务项目，但对比分析发现，相对于硬件服务，读者更需要可以通过自带设备使用内容的服务。硬件服务类似于传统文献的借阅服务，而只有内容服务才比较符合图书馆数字资源服务的特点。基于硬件的服务应该是一种过渡性服务，是一种针对特定设备、特定人群的服务。从长远来讲，图书馆应将提供基于内容的服务作为服务重点。

第四，对于由读者自带设备、图书馆提供内容的BYOD型服务，在所提供的三种服务方式中，提供下载、使读者可以永久保留资源的服务最受青睐。其次是资源外借服务，这是模仿传统纸质阅读建立起来的服务模式，读者对这一服务虽然表示需要，但需求度不高。而对在线阅览服务，多数读者表示不需要。在围绕移动阅读建立起来的服务制度中，除合法读者认证能被读者勉强接受外，对大部分制度读者都是难以接受的，说明当前的服务制度主要还是基于图书馆与供应商之间的协商建立的，缺乏对于使用者的考虑。

第五，在阅读阶段，阅读体验对读者接受移动阅读有重要影响。在众多构成阅读体验的因素中，以文字缩放、流式阅读等为代表的文本显示效果受到普遍关注。同时，移动阅读的基本阅读功能，如标签与注释、内置字典等也受到关注。

第六，在影响读者利用图书馆移动阅读服务的因素中，无线网络对用户的影响最大，其中最受关注的是无线网络的速度。除无线网络外，内容也受到关注，因为没有读者需要的内容，数字图书馆对读者的价值就会减弱。而对内容与设备的兼容性，读者虽然也表示关注，但强度相对偏弱。系统服务是否好用、易用，能否令读者满意，这些在服务中体现的可用性因素也被认为会对图书馆移动阅读服务造成影响。不过，传统意义上认为对移动阅读的接受造成影响的因素，如宣传、环境干扰、阅读心理等，读者却不认可，说明人们已经具备了接受移动阅读的主客观条件。

（二）图书馆移动阅读服务策略类型

策略是指一个机构为实现组织目标采取的一系列手段或对策。与战略相比，策略有较强的实践性。策略具有稳定性，但也有较大的灵活性，应随着客观环境的变化和业务的发展及时进行调整。从纸质阅读到数字阅读，再到移动阅读，读者的需求发生了一系列变化，图书馆的服务策略也应随之做出调整。目前，在移动阅读服务中，图书馆采用较多的仍然是传统服务策略，存在将传统服务过渡迁移到移动服务中的不足，这一服务模式很难满足用户需求。图书馆在推进移动阅读服务的过程中，应从整体上把握策略走向，对策略进行归类和选型即是一种重要方法。它可以从宏观上把握策略的特点，加深对策略共性的认识，促进图书馆服务的可持续和创新发展。本书将图书馆移动阅读服务策略的类型划分为三种：传统图书馆服务策略及优化、桌面数字图书馆服务策略及优化、移动阅读创新服务策略及优化。①

1. 桌面数字图书馆服务策略及优化

移动数字图书馆与桌面数字图书馆同属于数字图书馆，两者具有相似性，因而桌面数字图书馆的服务策略也可以应用于移动数字图书馆。有些是两者共用的技术和服务，如全文检索、7×24 服务、社交服务等；有些则是

① 徐艳．高校图书馆移动阅读社会化服务的扎根研究［J］．情报科学，2017，35（09）：49–53.

图书馆供应商出于利益考虑而采取的迁移措施。

在移动阅读普及之前，虽然也有学者对数字图书馆服务中潜藏的问题进行过讨论，但这些问题当时并不是很明显。然而在移动阅读背景下，桌面数字图书馆的服务方式应用于移动阅读后，这些问题也被带入移动阅读中，一些问题甚至变得很突出。比如，一些供应商采用电子期刊服务的方式提供电子书服务，如 Elsevier、Springer 的 LNCS（Lecture Notes in Computer Science）、OECD 均要求电子书单章或单页下载。但当上述服务被应用于移动阅读服务时，就会给读者带来压力，因为读者必须利用比桌面电脑操作困难得多的移动设备一章章或一页页进行下载。

2. 移动数字图书馆服务策略及优化

图书馆移动阅读服务只有在采用和优化传统图书馆服务策略、桌面数字图书馆服务策略的同时，根据移动阅读的特点建立新型服务，才能真正发挥移动阅读的优势。随着移动互联网技术的发展，越来越多的图书馆开始提供基于无线网络的资源借阅服务，而无线网络正是移动设备采用的独特技术之一。虽然最新推出的电脑也配置了无线功能，但电脑使用上的限制使其无线配置在效用上受到影响。在内容格式上，除继续支持桌面电脑的文档格式如 PDF、HTML 外，许多设备开始支持 EPUB 格式。这是一种专门针对移动阅读研发的格式，能提供良好的阅读体验。目前，一些图书馆正在尝试使用移动增强现实技术改善对图书馆资源的使用效果，特别是对地方文献的利用。借助这一技术，图书馆的数字资源可以被叠加到移动设备实时摄取的影像流中，实现数字信息与实时影像的彼此强化。

对于上述三类服务策略，我们还可以做进一步分组。第一种分组办法是将桌面数字图书馆服务策略与移动数字图书馆服务策略划分为一组，即数字服务策略；图书馆移动阅读服务策略包括传统服务策略和数字服务策略两类。这一划分方法反映出某些策略虽然是桌面数字图书馆中产生的，如全文搜索，但这些策略均可以在桌面数字图书馆服务与移动数字图书馆服务中发挥重要作用。第二种分组办法是将传统图书馆服务策略与桌面数字图书馆服务策略划分为一组，即非移动服务策略；图书馆移动阅读服务策略包括非移动服务策略和移动服务策略两类。这一划分方法反映出某些在非移动时代发展出来的服务策略在移动时代存在舍弃的必要。

对服务策略类型的划分提供了一种分析和理解具体策略时的框架和依据。在开展移动阅读服务时，某一策略的性质如何、未来如何发展，图书馆需要保持清醒的认识。一方面，图书馆可以借鉴传统图书馆服务策略和桌面数字图书馆服务策略，因为这些策略对保持图书馆服务的连续性和基本属性是不可或缺的；另一方面，图书馆不能满足于仅将非移动服务策略应用到移动阅读服务中，而必须考虑实现服务拓展，以充分发挥新媒体的潜力。

三、图书馆移动阅读服务策略的选择

图书馆自身有多种资源类型，而且收藏了多样化的资源，不同类型的图书馆与不同类型的资源在实施移动阅读服务时存在着差异。

（一）基于图书馆类型的策略选择解析

图书馆类型不同、服务条件不同，移动阅读的策略也应体现差异。

1. 公共图书馆移动阅读的策略

公共图书馆的特殊性主要体现在服务对象上。其一，公共图书馆中以普通阅读为目的的读者占有较大比例。与专业读者相比，他们对资源需求的迫切性不是很强，一般不存在短时间内大量查阅资料的需要，因而电子资源外借在公共图书馆中比较适宜。其二，公共图书馆读者异质性强，需求差异大，除普通读者外也存在一些专业读者。因此，移动阅读服务在保障外借的同时，应涵盖尽可能广泛的策略内容，满足不同读者的需求。其三，公共图书馆的读者群体多样，包括儿童、老人等群体。图书馆在开展移动阅读服务时应针对不同群体提供不同服务。

根据规模大小，公共图书馆可以划分为大型图书馆与小型图书馆。大型图书馆在经费、人力与技术条件等方面具有优势，而且可以选择的供应商范围较广，在服务策略上的灵活度较大。同时，大型图书馆具有较大的话语权，可以使供应商根据本馆的需要做出一定的策略调整。小型图书馆与之相比，在经费、人力与技术条件等方面不具有优势，没有话语权，服务选择面窄，策略灵活度小。对于小型图书馆，服务可以更多考虑“硬件＋资源”的策略，因为这一服务不需要支付平台费，也不会受到出版商针对图书馆的供应制约。

2. 高校图书馆移动阅读的策略

高校图书馆与公共图书馆有一定的相似性，因为高校图书馆中也存在普通阅读需求。国外一些高校图书馆也尝试开展内容外借服务。然而，高校图书馆与公共图书馆不同之处在于，其读者需求的专业性较强，且带有周期性的特点。这决定了某些服务策略如外借、复本制度、窗口期等在高校图书馆的专业读者中是难以满足需要的。①

考虑目前大多数高校图书馆都搭建了良好的无线网络，高校图书馆应更多采用多用户即时阅读服务或基于下载的拥有服务策略，且不宜设置窗口期，以便提供最新资源。在阅读服务上，目前高校图书馆提供的数字资源主要是前移动资源，即使搭建了便捷的移动获取平台，在基于移动技术的阅读上也存在发展瓶颈，而且移动格式如 EPUB 在呈现学术文献时仍然有很大局限。高校图书馆应考虑并行服务策略，在供应商没有找到好的解决方案之前继续维持已有服务，同时适度引入一些移动供应商的产品。

3. 专业图书馆移动阅读的策略

专业图书馆用户的阅读需求大都属于专业性需求，目前提供专业数字资源的供应商基本上仍以桌面服务为主。因为随时随地的碎片阅读对于需要大量查阅专业资料的读者来讲也不是主流阅读方式，读者主要还是利用电脑开展研究。国外有企业图书馆针对专业数据库开展了移动阅读服务试验，发现这一服务很难满足专业人员的需求。移动阅读服务在专业图书馆应如何发展的问题仍然有待进一步探讨。

（二）基于资源类型的策略选择解析

资源类型不同，图书馆在提供移动阅读服务时的策略也应不同。

1. 无权属资源移动阅读的策略

无权属资源是指并非没有版权，而是不存在基于经济利益的版权属性的资源。这类资源图书馆可以自由复制、灵活使用，包括进入公有领域的资源、开放存取资源以及法律上规定无版权的资源（如法律条文等）。

无权属资源对于移动阅读服务既有好处，也有不足。好处主要在于两

---

① 姜莉莉 . 移动阅读服务在国内图书馆中的开展模式及发展［J］. 现代情报，2016，36(2)：125-128.

点：其一，无权属资源不会带来基于经济利益的版权纠纷，也没有 DRM（数字版权管理）限制。图书馆在选择服务策略时有较大的灵活性，可以为读者提供最方便的服务，包括拥有服务、开放用户制度、多用户并发访问、无使用量限制、无使用权限限制、可馆外获取等；其二，只要图书馆能获得无权属资源的数字版，就可以实现较好的移动友好阅读服务，因为图书馆几乎可以将资源转换成任何格式。这样资源就可以被多数硬件 / 软件支持，在不存在特殊显示要求的情况下能实现流式显示和图文混排。图书馆还可以将无权属资源制作成互动型文献或利用增强现实技术提供阅读服务。不足主要是无权属资源以免费资源为主，图书馆需要自己搭建服务平台，这对图书馆的资金、技术和人力构成了压力。即使图书馆有能力搭建平台，但为了扩大服务范围，首先建设的也应是桌面平台。因为如果图书馆没有搭建移动平台的计划，则可通过提高桌面平台的移动友好体验直接提供服务。

2. 古籍资源移动阅读的策略

古籍属于公有领域资源，其移动阅读服务策略可参照无权属资源，但古籍资源亦有其独特之处，主要体现在阅读体验上。对于古籍文本化，目前已经有了比较成熟的技术，不仅能获得向量化文本，提供基于内容的流式阅读，也可以保持古籍的排版和布局，提供反映古籍原貌的版式阅读。对于同一部古籍，应同时提供流式显示与固定排版的版本，并能一键切换，方便读者选择。同时，古籍阅读器也要根据古籍特点，提供一些特色功能。不过，虽然古籍数字化技术已日渐成熟，但由于 OCR（文字识别）技术在应用于古籍时的识别率问题，古籍数字化效率仍有待提高。国外有机构甚至设计了一种游戏软件，将古籍的文本识别融入游戏，使人们在玩游戏的过程中向古籍服务单位贡献向量文本。

3. 前移动资源移动阅读的策略

前移动资源指在移动阅读普及之前的数字资源，特点是没有考虑移动需求，资源的获取和使用以桌面电脑和有线网络为前提，因而存在向移动端过渡的问题。

为解决这个问题，应做到以下几点：第一，实现平台的移动过渡，使读者可以通过移动设备获得数字资源。目前，许多数字资源供应商都搭建了移动平台，有些则开放了资源接口，使图书馆自建的移动平台也可以从供应商处调用资源。第二，在内容获取上应体现移动的特点。特别是一些在桌面服务中采用即时阅读、不提供下载的数字资源，应考虑移动环境中网络条件不佳的状况，或移动网络成本高的现实，在保留即时阅读的同时提供下载或本地外借服务，方便读者在各种条件下使用。第三，经过多年的积累，前移动资源库大都拥有了海量的资源，将所有这些资源转换成能提供移动友好体验的资源既不现实也没有必要。一方面，可以对原资源格式和浏览器进行技术改造，至少保证资源在主流移动设备上可读；另一方面，可以采取并行策略，即在继续提供原有类型资源的同时，提供具有移动友好体验的资源。

4. 后移动资源移动阅读的策略

在移动阅读普及之后建立的数字资源可称为后移动资源。这类资源在建设之初就考虑了移动获取和阅读的要求，目前国外许多资源供应商如OverDrive、3M 云图书馆提供的即是这种后移动资源。在国内，传统图书馆数字资源供应商向移动时代的转型并不是很成功，原因是多方面的，数字资源的可获得性是一个重要因素。不过，近几年来成立的一些商业移动阅读服务系统提供的资源均属于后移动资源。对于图书馆自建的后移动数据库，也要注意移动对接的问题。后移动资源建设应坚持媒介独立原则，所建资源既可以通过有线网络在桌面电脑上获取和使用，也可以通过无线网络在移动设备上获取和使用。

尽管图书馆选择了某种移动阅读服务策略，并不意味着这一策略将一成不变。策略本身也具有发展性，要根据技术革新、需求变化、供应商的政策改变等因素随时与供应商沟通，力争以最能满足读者需求的方式来提供服务。同时，在实际操作中各种策略会以不同的形式展现，在细节上也会存在差异。图书馆只有根据本馆的业务实际，结合持续的实施效果评估，才能找到最适合本单位的服务策略。

四、图书馆移动阅读服务的发展趋势

在移动阅读时代，图书馆只有找到属于自己的位置，明确自己的功能和职责，才能保证图书馆服务健康和可持续发展。

(一) 图书馆属于服务性机构

图书馆并非移动阅读产业的一个必然环节，或者说，移动阅读产业的发展不以图书馆的存在为前提。事实上，在电子阅读产生之前，图书馆就不是阅读产业的必然环节。文献从产生到阅读有自己的链路，只是在互联网时代，去中介化的倾向使图书馆的地位进一步被边缘化。图书馆的“中介”角色只是从服务对象的角度而言的，却不是移动阅读产业的中介者。对此，图书馆一定要有明确的意识，如果文化产业的发展要以图书馆的存在为前提，图书馆就不可能是公益的。图书馆的优势在于其服务性，它能够从文化市场上为读者收集各种文化资源，并提供增值服务。

(二) 图书馆仍将发挥平台角色

在纸质出版物服务中，图书馆从包括书商、出版社、报刊社等不同来源获得资源，对资源进行统一加工纳入图书馆流通系统并向用户提供服务。这一过程中图书馆承担了纸质出版物平台的角色，有利于消除文献生产和销售的孤岛现象，因为任何一个来源的文献都难以满足读者的全部阅读需求。

在移动阅读时代，图书馆仍将发挥作为信息和文献平台的作用，将不同来源的资源根据本馆读者需要集成到统一的服务系统中并为读者提供服务。尽管 OverDrive、亚马逊、3M 云图书馆、巴诺书店等提供商业移动阅读服务的公司也集成了不同出版社的资源，但其加盟出版社的数量是不一致的，许多出版社在选择合作伙伴时带有选择性，并不是将资源提供给所有资源商。同时，许多资源商建立的自我出版平台拉大了不同资源商的差异。在这种情况下，只有图书馆才能以平台的身份，站在用户角度，为用户集成其需要的资源。

(三) 图书馆是读者权益的捍卫者

在移动阅读时代，出版社和供应商出于保护各自利益的目的，先后采取了一系列针对终端读者的技术和商业措施，并以诉诸法律作为最终制裁手段。在这种情况下，读者的正当权益会受到损害。而读者群体具有匿名性，缺乏组织话语权，在同商业机构的博弈中处于不利地位，非常需要一定的组织出面为读者争取阅读权益。

鉴于此，以图书馆、学校等公益组织为代表的机构就成为这一角色的最佳承担者，而图书馆的业务特点和社会使命使其在这一行动中理所当然地担当了主要角色。通过积极的呼吁和有组织的行动，图书馆既能为读者争取文化权益，也使自己获得了生存空间。[①]

（四）图书馆是公益服务的守护者

免费图书馆产生之前，西方就出现了类似租书屋的机构，读者交纳少量费用就可以阅读其中的图书，目的是向那些无力支付图书成本的读者提供低廉的阅读服务。随着以政府资助为主的免费图书馆的诞生，公共图书馆的公益阅读得以制度化。除公共图书馆外，所有类型的图书馆在向其对象提供服务时都具有免费性质。但在移动阅读时代，任何一家公司都不可能提供纯公益服务。

目前，市场上的确有一些提供免费服务的机构，如 ZAKER 等以新闻聚合服务为主要业务的后向收费公司提供的即是免费服务，其变现手段包括赚取流量、做广告等。这一类服务表面上看是免费的，但获取流量是公司的主要目的，它们提供给读者的往往是能吸引用户眼球的资讯，即"公益"操作服务于商业目的，把"公益性"的知识信息传播活动作为企业经营活动的促进手段。而对于收取费用的服务，其盈利定位影响了其资源选择、服务策略和平台推广。只有图书馆才是免费服务的忠实坚守者，它以平等、自由和公益的原则，站在读者的角度提供服务，不存在任何谋利企图。

① 薛静．趋势、定位、补充：图书馆移动阅读服务的理性思考［J］．图书馆，2016（01）：13-18.

第五章　智慧图书馆阅读服务创新实践路径

第一节　基于人工智能的智慧图书馆阅读服务创新实践路径

阅读是人们结合自身需求，主动从各类信息载体中获得知识的过程。阅读是一种文化交流行为，是读者与作者之间心灵对话的过程，是实现感悟、理解、借鉴、评判的心路历程。阅读具有社会性和实践性的特点，能够促进社会个体之间的信息交换。人们可以通过阅读开阔视野、增长才干、重塑自身的知识体系。而智慧阅读是对常规阅读的升华，注重从信息载体中获得心得体会，掌握阅读技巧，促使读者深刻认识自己，达到锤炼思维、认知世界、完善自我的目的。图书馆是传播知识的场所，是推进全民阅读的主战场，可以提供多样化的阅读资源。[①] 图书馆开展智慧阅读服务，就是以智慧化的手段，让广大读者享受阅读带来的乐趣，从海量文献资料中提炼有价值的知识，具备正确的分析问题和解决问题的能力。人工智能时代，机器学习、语义网等各类智能化技术层出不穷，为图书馆开展智慧阅读服务提供了支持，便于提高信息系统的智能化水平，制定多样化的阅读推广方案，发挥其在阅读中的引导、支持、鼓励作用，让广大读者通过阅读获得深层次的改变。

一、人工智能时代图书馆智慧阅读服务的内涵分析

图书馆充分利用人工智能技术，对读者需求进行感知和分析，主动提供与用户需求相匹配的阅读资源，全程实时跟踪掌握读者阅读效果，这就是智慧阅读服务。与传统的阅读服务相比，智慧阅读服务更加注重满足个性化需求，体现了以读者为中心的理念。

---

① 林晓欣．基于“云图书馆＋”的阅读推广和智慧化服务创新的机制与内容［J］．图书馆理论与实践，2019(6)：29-37.

(一) 全面掌握读者需求

图书馆智慧阅读服务的实施以智能化技术和设备为依托，让读者能够更加便捷地获取知识，可选择的阅读资源更加多样。神经网络、决策树等技术的应用，便于图书馆对读者需求进行分析，勾勒出精准的用户画像，全面掌握不同层次、不同类型用户的需求，也体现了以读者为中心的服务理念。而图书馆传统的阅读服务方式限定了相应的阅读方式、内容和服务人员，对读者需求缺乏系统性分析。阅读推广活动大都是按部就班地开展，使得读者缺少参与权和建议权，难以体现服务的差异性。在智能化阅读环境下，图书馆能够灵活制定服务方案，阅读的相关资源更为开放多元。读者可以自主选择，自由定制符合需求的服务项目，在泛在化的信息环境中主动获取知识，提高分析解决问题的能力。

(二) 强调多方互通互融

人工智能环境下，图书馆智慧阅读传播范围更广，面对的群体更为多样化，突破了传统的物理阅读空间限制，实现了线上与线下的深度融合。

图书馆践行开放、平等、共享的服务理念，与学科专家、出版社、读者之间建立更深刻的连接，促进不同群体之间的信息交互和协同合作，进而建立多方互通互联的阅读网络。多样化的阅读资料来源、多向的信息交流方式、多途径的协同合作，有助于图书馆拓展服务范围，打造开放式的阅读服务平台，促进阅读服务的互融互通。这也使得馆员与读者之间、读者与读者之间的交往更为密切，在协作过程中人际网进一步扩大，不同领域的阅读资源得以交汇、重构和分享，知识领域的边界逐步消失，促进了读者在智慧阅读中的自我完善和提升。

(三) 体现用户需求与服务的有效匹配

大数据、语义网、神经网络等新技术的应用，便于图书馆多方采集整合信息，建立精准的用户画像，制定更加科学合理的服务方案，提高阅读服务的智慧化水平。智慧阅读服务的实施，需要图书馆对读者的行为数据进行采集分析，对大量非结构化数据进行整合梳理，从中挖掘有价值的内容，进而准确判断不同读者阅读的内在规律，预测他们的阅读趋势，智能查找符合需求的阅读资源。

机器学习、虚拟现实等技术让服务系统更加智能化，可以辅助馆员开展多层次的阅读推广服务，根据读者个性化需求适时调整服务方案，保障读者可以获得最佳的服务效果。决策树、神经网络等技术的应用，便于图书馆从多个角度科学分析，以理性的预测制定最佳方案，减少智慧阅读过程中存在的风险，促进用户需求与服务的有效匹配。

二、人工智能时代图书馆智慧阅读服务的有效整合

当下处于泛信息时代，图书馆要想完善智慧阅读模式，需要将不同领域的阅读资源有效整合起来，让参与者更具积极性，完善交互、协调、共享的基本理念，持续完善智慧阅读的生态环境。

（一）智慧服务理念

在人工智能的环境中，多种技术不断更迭，资源获取也变得更为便捷。不同行业之间所存在的壁垒被打破，更多的读者选择多元化的阅读方式，他们的阅读诉求也发生了明显的变化。对于图书馆而言，要想持续优化智慧阅读模式，需要借助高新技术，营造优良、和谐的阅读环境，这样读者才能够获得最佳的阅读体验。图书馆不能只提供纸质文献的阅读服务，应该了解读者群的差异化诉求，践行协作、包容、共享、开放的服务思维，与读者不断合作。科学引导、积极鼓励，让读者拥有更高的感知力、理解力、思考力，真正体会到阅读的内在价值。图书馆馆员也需要通过终身学习提升自我能力，顺应人工智能发展的潮流，熟练掌握不同的技术真正将“以人为本”的理念践行到实践当中。综合了解读者需要，完善多向联系，持续优化智慧阅读的规划，确保智慧阅读能够持续化发展、系统化完善。

（二）智能化技术

目前，多种数据资源不断积淀，人们要想获取信息，可以通过多元化的渠道来实现。图书馆搜集文献的方式也更加丰富。

图书馆在满足读者智慧阅读服务诉求时，可能会有各种各样的异构数

据产生，包括作者信息、出版情况、文献种类、下载数据等。图书馆要借助多元化的智能技术，包括智能语音、大数据、语义分析等，系统进行数据的分析和整理，将有价值的元素提取出来，更好地服务智慧化阅读。通过云计算，图书馆可以打造完善的云存储平台，对各种各样的阅读资源进行规范化处理，把馆藏资源上传到相应的客户端，不断降低资源管理成本，最大化节约保护费用，让优质的资源能够不断流通，实现馆藏资源的价值最大化。利用射频识别技术，能够对不同读者的行为数据进行采集，为用户描绘完整的画像，让读者、服务平台、馆藏资源之间产生紧密的联系。利用机器技术，能够实现规模化的信息检索、选择、分析、处理，挖掘潜在的价值，从而更好地进行有针对性的信息推送。

（三）优质阅读资源

要提升智慧阅读服务的品质，首先要有高质量的阅读资源。这样才能将图书馆服务的价值最大化地挖掘出来。图书馆不仅要完善阅读推广机制，也要基于智能技术对数据进行采集，彰显出服务的个性化、时效性。目前，我们生活在快节奏的时代之中，人们的阅读变得更加碎片化。很少有人能够将他们的精力放在整本书的阅读上，潜心对其进行研究。要持续提升智慧阅读的服务质量，图书馆馆员要对阅读资源进行科学化选择，分析阅读资源的变化轨迹，将用户的潜在诉求挖掘出来，确保所推送的内容是符合读者诉求的。图书馆要借助协同过滤、神经网络等多元化技术，将与读者诉求相契合的阅读资源搜集起来，对其进行整理。图书馆也可以将爱好相同的读者归为一个类型，把他们感兴趣的内容推送给他们。在提供服务时，需要通过适当的激励方式对用户进行引导，让他们拥有更高的阅读热情，激发他们内心的阅读欲望，确保他们不断提高阅读兴趣和阅读素质。

（四）专业的人才队伍

优化智慧阅读服务需要以专业化的队伍作为重要的基础。在图书馆和读者之间，图书馆馆员架起了一座交流的桥梁。他们自身应该具备专业化的服务能力，将更有价值的阅读资源传递出去，引导读者真正体会智慧服务的价值所在，感受它所带来的诸多便捷。此外，如果读者有多方面的诉求，图书馆馆员需要及时把它们反馈给图书馆，这些都是未来促进图书馆发展的重要基础。在智能科学与技术、管理学、心理学、社会学等多个学科的基础上，智慧阅读不断发展。从图书馆馆员的角度而言，他们需要具备多个领域的知识，将数据的内在特点挖掘出来。按照读者的特点对不同的内容进行推送。综合来看，在构建智慧图书馆服务机制时，图书馆馆员是尤为关键的要素，也为阅读环境的优化提供了根本的遵循。

（五）合作参与者

单单依靠图书馆的努力，是无法实现图书馆智慧阅读服务的。因此，图书馆与其他机构要不断协调，构筑完善的协调联动管理体系。这样做可以充实图书馆资源，夯实智慧阅读的基础；此外，要凝聚多方力量，对图书馆智能化水平较低的问题进行弥补，确保图书馆的智能化服务质量更高。

三、人工智能时代图书馆智慧阅读服务的基本流程

智慧阅读具有明显的智慧化特征，这一点主要通过智能技术来体现。此外，它也通过图书馆思维创新得以彰显。后者更多体现在优化服务策略方面。只有不断推进规划的合理性、协调性、系统性，才能引导读者更多地体会到智慧阅读的内在价值。综上所述，阅读推广要体现在完善智慧阅读服务的整个过程中。这个过程主要包括如下几个不同的阶段。

（一）需求分析阶段

图书馆要想了解用户的诉求，就要准确把握系统数据、信息，这是实现智慧化服务的一个重要基础。对于智慧阅读服务而言，在进行前期准备时，图书馆馆员需要完善数据采集，利用多元化技术方式实现对资源的一致化处理。同时，还需要将深层次的知识挖掘出来，确保其他业务的开展有着强大的智力支撑。一方面，图书馆馆员可以利用微博、微信、日志等不同的形式进行信息的采集，对不同的数据进行分析、归纳、整理，将错误的信息剔除掉，将有价值的信息保存下来；另一方面，要学会不同的算法，包括关联规则、聚类规则等，着眼于不同的文献种类、阅读内容、用户特点，系统进行数据的分析与归类，确保随时能够对数据进行查询与检索。此外，要结合读

者阅读诉求的差异，完善相应的用户模型，分析用户的特征，预测他们的阅读期待，在了解读者诉求的基础上把握阅读的内在规律。

（二）科学规划阶段

前期的数据分析已经相对完善，在此基础上，需要了解人工智能环境的巨大革新，不断优化服务规划，有效进行阅读服务的针对性指导。一方面，图书馆可以利用用户画像，采集读者的不同诉求，对未来的阅读趋势进行分析，进而确保智慧阅读服务体系的不断优化；另一方面，读者群的基本特征、行为选择、自身认知、心理特征等也是需要关注的重点。要构筑完善的子模型，对读者进行类型化归纳，然后结合他们的诉求提供相应的阅读资源。

图书馆馆员要对读者群的实时阅读信息进行动态监测，对各种数据之间的内在关联进行分析。按照读者类型的差异，对他们未来可能的图书馆服务需求进行预测，有针对性地进行阅读资源的推送。这些数据能够直接决定图书馆组织的方式、服务的形式等。

（三）推广运营阶段

依照之前的智慧阅读计划，图书馆可以向读者提供更高品质、开放性更强的阅读资源，保障激励作用能够更好地发挥出来，让读者的阅读热情更高，引导读者形成较好的阅读思维。这对于智慧阅读的发展而言十分关键。在这一过程中，图书馆馆员除要对阅读资源进行有效整理之外，还要确保服务内容和读者需要的相互契合，实时跟踪读者的阅读行为。通过智能化设备将各项数据进行记录并加以完善，把握不同时期智慧阅读活动的实际情况。此外，要发挥舆情分析的优势，分析读者群体的行为变化，了解读者的参与实际，对于信息的扩散进行合理的预测，判断读者阅读的收获。要结合既定的运营方案，细化不同阶段的服务形式、操作方式以及发展目标，合理进行资源推送，彰显出服务的专业价值。

（四）评价反馈阶段

不少读者在阅读时会形成特殊的理解，希望能够和其他读者更好地沟通，也渴望自身的建议能够得到应有的采纳。[①] 智慧阅读迈入这一阶段后，需要对读者的建议进行有效的采集，了解他们内心的真实想法，进而解决智慧阅读存在的各种难题，优化服务方式，确保服务策略实施更为有效。图书馆也能够利用线上交流、问卷调查等方式，更好地与读者开展交流。通过使用测评工具，让读者能够获得智慧阅读的别样感受。了解读者对阅读服务的获得感、信任感以及满意感。

通过对量化指标进行分析，图书馆馆员可以度量阅读的有关数据，对阅读活动不同时期的情况进行分析，让最终的报告以可视化的方式呈现出来。对于读者的阅读情况进行分析，能够更好地提升智慧阅读的服务质量，完善相关的服务规划。

四、人工智能时代图书馆智慧阅读服务的实践路径

人工智能不断发展成熟，图书馆自身具有明显的文化服务特征。要更好地与高新技术结合起来，挖掘其内在的服务价值，构筑完善的智慧阅读机制，打造类型多样的智慧阅读形式，不断引导读者通过阅读提升自我修养。

（一）积极推动跨界协作融合

传统印象中，图书馆和其他服务机构之间相互区分，彼此独立，图书馆通过提供高质量的文化服务提升自我价值。在人工智能不断发展完善的过程中，行业之间的界限不断模糊，部门之间不断协作，跨学科发展成为一大主流。这就使得图书馆需要对自身重新进行定位，要更具包容性，创设机遇和供应商、出版社等进行沟通和交流，打造“跨界融合”的新局面。其一，要更多地与书商强化合作，确保读者能够更早接触新书，确保图书拥有较高的利用率；其二，借助人工智能技术，图书馆能够提供的阅读服务更为多样，服务的范围也变得更广。比如，在一些客流较多的区域、商城等，可以配备一些完善的智能阅读设备，让人们可以在休息的时候进行书籍的阅览。其三，图书馆便于进行知识共享，在智慧阅读机制当中，融入多元化的概念、元素等，促进技术与形式的不断交融，创新更多形式的服务项目，让阅读资

① 杨帆，张红，薛尧予．基于核心业务系统的图书馆大数据平台构建策略研究［J］．图书馆学研究，2017(6)：40-44，88.

源的形式更为新颖，使读者能够获得不一样的阅读体验。

（二）组织优化促进知识增值

人工智能环境下，信息技术发展速度极快，大数据得到了广泛的应用，物联网使用范围极为广泛，信息传播变得更快。在不断传播的过程中，信息多向性变得更强，构筑了丰富的价值链条。换言之，信息交互性越强，人们越能够从中获取相关的知识。面对信息互通的发展背景，要想将智慧服务价值更好地挖掘出来，不能单单只关注“知识应该如何供给”这一问题，要通过智能化组织，让知识不断增值。简单来讲，要服务于读者的阅读诉求，让知识服务链条不断延长，巧妙嵌入读者的阅读行为，为用户创造更大的价值，实现读者的价值。这样就能够对知识进行再创造，更好地对知识进行应用。

（三）密切关注读者动态需求

读者有着多种多样的阅读诉求，对于图书馆而言，不仅要更好地进行数据采集，也要了解读者群体所发生的诸多变化，深刻体会他们在各个时期所获得的差异化体验，并对服务方案进行优化，确保最终的服务效果。其一，要不断促进读者资源库的完善化，对读者的信息进行把握，深入了解读者的不同喜好，以及未来的发展趋势；其二，通过使用语义分析，准确辨别不同读者的阅读选择，这样能够更好地挖掘读者的内在阅读诉求；其三，创设较好的互联网环境，有效建立交互体系，能够把读者的反馈及时收集起来。利用上述不同的方式，图书馆对读者的诉求把握更为精准，便于为他们的决策提供科学的数据参考。

（四）打造“阅读 +”服务模式

结合用户的多种诉求，提升智慧阅读服务的品质。图书馆要利用先进的技术持续深化创新，让阅读服务的内容变得更为丰富。图书馆要想更好地满足全民阅读的需求，在对智慧阅读进行定位时，不仅仅要与当下人工智能迅速发展的步伐相适应，也要建立在深厚的传统文化根基之上。打造“互联网 +”的思维，促进阅读和文化、社交、管理等相互结合，构筑崭新的发展模式。图书馆还应该和出版社、书店等进行深化合作，把握政策的基本导向，将平台、资金、技术等不同的要素综合起来，发展“智慧书坊”，在把握读者诉求的基础上创立新的服务模式。

图书馆发展与人工智能越来越紧密地结合起来，智慧阅读成为未来发展的主流。身为文化服务的重要基地，图书馆也加快了探索智慧服务的步伐，更加凸显服务、技术等在其中的重要性。要优化布局、合理设计，创设良好的阅读环境，让更多的读者能够深入领会阅读的魅力。但是，当下绝大多数图书馆并没有很好地践行智慧阅读的理念，未来需要持续优化服务形式，走可持续的发展道路。图书馆需要借助智能技术，打造专职化队伍，不断完善智慧阅读理念，构建更加高质量的智慧阅读服务机制。

第二节　“5G＋”时代智慧图书馆阅读服务新生态的实践路径

一、5G 移动通信技术概述

(一)5G 移动通信的相关概念

与 4G 相似，第五代移动通信技术（5th-Generation，5G）从本质上来讲也是一种移动通信技术，它是当下蜂窝通信技术发展的最新成果。①

蜂窝移动通信有效发挥了无线通道的作用，在移动终端和互联网设备之间建立了有效的联系。在活动的过程中，用户能够更好地进行通信。在这种网络中，供应商覆盖的服务区域被划分为许多被称为“蜂窝”的小地理区域，在此基础上通过数字化的方式有效模拟信号与图像。同时，利用模数转换器对上述信号进行有效的转化，以实现二次传输。“蜂窝”在进行通信时主要发挥的是无线电波的作用，接收器与 5G 设备相互组配。通过无线电波，电话网络以及互联网能够连接起来。同时，也可以将天线阵地和光纤进行连接。它与以往的移动设备最大的相似点就在于，用户频繁移动于不同的“蜂窝”之间时，天线便能与其他的“蜂窝”直接相连。

① 李蕾．第五代移动通信技术［J］．通信世界，2016(10)：97.

(二)5G移动通信特征

我们在提及4G与5G的差异时，直接能够想到的就是5G更为稳定、传输的速度更快、延迟性较低等，这些是用户能够明显感知到的。具体而言，延迟性低指的就是时效低，它的英文表述为“Delay”，基本内涵为时间的延迟，具体指的是不同操作之间的时间间隔。时延可以用英文表述为“Latency”，它的基本含义为潜伏，常常用来指设备在进入message时需要耗费的时间长。

上述几个特征都是用户能感知到的，国际无线通信部门明确设置了关于5G技术的相关指标，构筑了完善的指标体系，包括的指标主要有8个。这一体系明确了5G技术的相关指标，对其做了硬性要求，也明确了5G技术的几个基本特点。从速率上来说，主要有两个指标。其一，其峰值应该至少达到20Gbit/s之上，和4G相比，它的速度提升了10倍。其二，用户的体验速率至少要达到100Mbit/s。之前，下载一个视频可能需要一个小时，5G网络背景下，它的时间可以缩短到1分钟。从时延来看，至少应该达到1毫秒。这样才能够满足远程手术、物联网对于具体场景的需要。从连接的流量情况来看，5G需要在一平方千米之内确保一百万台以上的设备连接到网络当中，和4G相比这一数值提高了1000倍，这一点确保了物联网通信的速率。最后，从能效、射频效率的情况来看，和4G相比，这一数值较之前分别提升了100倍与3倍。5G运作流程更为和谐，智能化水平持续增强，互联网调节变得更加灵活，即便在高速移动的状态下，用户也能够享受高质量通信服务。

鉴于5G技术和物联网的结合日益紧密，5G网络终端发展获取了更大的空间。除了平板、手机、PC等设备，将会有更多的设备加入5G网络之中。5G未来将会覆盖更多的场景，包括地铁、公共汽车、商场、智慧城市以及居民区等。[①] 明显可知，5G时代将会促进基础通信迈上新台阶，也能够促进人、物之间的彼此关联，使其产生质的飞跃，世界从此成为一个紧密互联的整体。

---

① 庞立华，张阳，任光亮等.5G无线通信系统信道建模的现状和挑战[J].电波科学学报，2017，32(05)：487-497.

二、5G与图书馆智慧阅读服务

(一)5G+物联网与图书馆智慧阅读服务

图书馆对物联网技术进行了广泛的应用，这是物联网技术成为完善智慧阅读的关键性技术要素。在物联网技术的基础上，图书馆利用多种传感器在读者与图书馆设备、馆员与图书馆、环境和读者之间建立了紧密的联系，使其交互性明显增强。按照读者的诉求灵活进行环境设置，使读者能够享受到更为智能化、舒适化的阅读服务。智慧图书馆不断发展升级，物联网设备需要具备低延时、高吞吐等主要特征。5G能够提供崭新的网络供应端，与当下互联网流量的快速发展诉求相契合。物联网和5G之间的联系日益紧密，这也使得移动阅读服务的范围不断拓展，更好地开展移动阅读与自主阅读。读者的阅读形式较之前明显丰富，阅读也能够取得最佳的效果。

(二)5G+VR/AR与图书馆智慧阅读服务

虚拟现实（Virtual Reality，VR）/ 增强现实（Augmented Reality，AR）有助于创设更为丰富的阅读场景。利用VR/AR技术，能够更好地模拟现实当中的多元化场景。将3D和VR进行结合，读者能够更好地参与到虚拟场景的阅读之中，原有的静态阅读模式发生了较大的改变，阅读方式不断更新，读者能够获得别样的阅读感。但是，情景阅读需要具备一些基本特征，包括无线覆盖、视频编码、语音等。目前，4G网络背景下，从发送数据到接收信号会存在一定的时差，对读者的体验带来诸多影响。比如，戴头盔会让读者的身体不适。由于5G具有明显的低延时特征，读者在与现实世界交互的过程中会获得别样的体验。5G是高带宽设备，视频下载速度将会明显提升，有效拓宽了图书馆阅读资源的类型，丰富了其基本内容。5G的低延时特点将会有效增强VR/AR体验，确保虚拟现实在服务图书馆阅读方面能够发挥其应有的功能。

(三)5G+人工智能与图书馆智慧阅读服务

最近这几年，图书馆对于人工智能的应用越来越广泛，比如南沙图书馆通过智能机器人进行自助分拣。人工智能应用范围的不断扩大，将会在很大程度上影响图书馆的阅读服务。通过 AI 深化智能分析，代表了未来图书馆阅读服务的发展方向。AI 分析建立在丰富的阅读数据以及用户行为的基础之上，利用算法进行高质量匹配。5G 网络具有低延时、高速率等多方面的特点，使得图书馆 AI 分析的效率不断增强，读者阅读的延时性有所减少，确保 AI 能够更好地与读者的阅读行为相结合。5G 技术使得 AI 有了强大的通信基础，让终端与 AI 能够有序对接。5G+AI 也将更好地完善智慧阅读服务，把原有的菜单阅读变为个性阅读，避免不同类型、不同层次的读者存在明显的数字沟壑，确保服务更为均等。

(四)5G+ 区块链与图书馆智慧阅读服务

区块链（Blockchain）遵循一定的时间顺序，建立了区块式的数据库，使得其结构日趋完善。区块链具有多方面的特点，它不可篡改，有着去中心化的特点，因而其应用的潜能是比较大的。图书馆界不断利用区块链技术提升阅读服务的质量，主要包括阅读评价、资源管理等。5G 技术和区块链相互结合能够让图书馆的智慧阅读服务与新技术相互融合。一方面，在任何一次信息交易之中，交易次数都会不断增加，在一定程度上挤压了区块存储空间，这对于系统性能而言十分不利。在未来，物联网与区块链紧密结合，将对网络性能提出更高的要求。5G 速率接近 10Gbps，将持续提升区块链数据处理效能。此外，图书馆对于 5G 技术的使用范围越来越大，潜在的被攻击风险也逐渐加大。要想对终端设备进行保护，需要通过区块链实施安全算法的保护。此外，由于区块链具有明显的去中心化的特点，某区域被攻击，基本不会对整体的运行产生影响，确保了系统拥有较好的运行效果，系统运行也变得更为稳定。

三、图书馆智慧阅读服务新生态的实践路径

(一) 交叉应用多元技术，构建智慧阅读服务新平台

当下，信息技术呈现出智能化、数字化以及网络化的特点。对于图书馆而言，要抓住基础设施发展的关键阶段，将 5G 技术的优势充分利用起来，

构筑完善的智慧阅读生态体系，确保所构筑的智慧阅读服务体系是完善的，让阅读服务模式更为优化，这样才能助推图书馆阅读服务进入新阶段，成为“智慧+”的代表。建设智慧阅读服务平台，关键在于打造云平台，强化智慧发展与创新发展，这些要素都是十分关键的。不同的数据能够通过云端快速传递、完善加工，数据之间彼此互通。此外，结合读者的诉求，周密部署，将各种应用进行迁移使用。5G和区块链、物联网等结合起来，助推图书馆阅读环境持续优化。云计算发展速度不断加快，使阅读资源能够更好地共享，让阅读评价向着智能化方向发展。依托5G通信技术，在人工智能的发展推动下，确保阅读服务更为精准、更具个性。

（二）关注技术伦理问题，实现人机协同共生新常态

5G背景下，各种技术和图书馆不断交融。新技术也带来了一系列的安全问题，包括数字沟壑、安全问题等，这些都不容忽视。如果没有对新技术加以约束，会给图书馆服务带来诸多方面的挑战。要将技术优势发挥出来，构筑完善的伦理机制，强化科技引领，这些成为图书馆发展的一大趋势。要强化技术互信，使其更具可靠性，能够被更好地控制，图书馆才能对其更为放心。完善阅读服务，要始终站在读者的角度，利用技术提升读者满意度，内心也变得更为幸福。可持续发展也就是在开展阅读服务的过程中，要利用5G技术助力数字阅读，更好地发展绿色阅读，对社会环境进行最大化保护。综上所述，技术应用需要更好地服务读者，强化人机之间的协调性。要将其与阅读服务更好地结合起来，实现机器和人的共生发展。

（三）加强跨界交流合作，构建智慧阅读服务共同体

互联网时代，我们需要具备跨界思维。通过跨界合作，智慧阅读服务将会更加完善。要将共享、共生、共建的理念践行下去，构筑完善的阅读体系。共建要求破除原有的社会和图书馆之间的障碍，用开放的方式展示阅读资源，确保更多的社会力量能够参与到阅读事业发展之中。要结合读者的诉求强化行业融合，实现跨技术整合，将创新的效果发挥出来。共生要求把握智慧阅读的基本目标，让图书馆各项业务与5G技术更好地融合起来，促进纸质阅读、电子阅读等的协调发展。共享要求将最终的阅读成果惠及更多民

众，与政府、读者以及企业等分享价值成果。要保持谦虚谨慎的态度，将互联网的效应发挥出来。

综上，跨界合作是图书馆必须要重视的合作形式。要将企业、社会组织、政府、读者的作用发挥出来，构筑智慧图书馆发展共同体。

第三节　智慧图书馆社会化阅读服务模式构建的实践路径

一、社会化阅读概述

（一）社会化阅读的概念及延伸

在传统阅读的基础上，钟雄[①]强调社会化阅读围绕的是读者的诉求，凸显的是崭新阅读模式在多个方面具有的优势，突出的是共享、传播、互动的价值。社会化阅读把读者放在了关键的位置，强调阅读社交的重要性，倡导用户之间的共同传播，主动进行内容的生成，产生集体利益，真正践行了以人为本的阅读思维。它的目的就在于，在全面互动的同时，将阅读的价值最大化。毕秋敏等[②]则强调，社会化阅读具有明显的移动特征，它强调内容的重要性，形成和谐的社会关系，强调分享，注重沟通与交流。同时，它还强调社会化阅读有着强大的发展基础，社会网络的迅速发展为其提供了根本的依托。在此背景下，读者对于信息的需求越来越大，也开始关注社会化阅读背景中所存在的各种隐私安全问题以及版权问题。这将会成为未来社会化阅读的发展趋势。季丹等[③]系统比较了社会化阅读和传统阅读的差异，强调社会化阅读凸显出明显的社交性，强调阅读的共享与阅读的交互，重视阅读过程中社交因素的重要价值。他们调查了使用微信阅读软件的将近200名用户，从不同的方面分析了社会化阅读中公众意愿的关系模型。刘艳[④]系统归

① 钟雄．社会化阅读：阅读的未来［N］．中国新闻出版报，2011-05-12(6)．

② 毕秋敏，曾志勇，李明．移动阅读新模式：基于兴趣与社交的社会化阅读［J］．出版发行研究，2013(04)：49-52.

③ 季丹，郭政，李武．Flow 理论视角下的社会化阅读行为影响因素［J］．图书馆论坛，2020，40(05)：116-122.

④ 刘艳．社会化阅读：含义、形态、功能、缺陷及其启示［J］．图书馆建设，2018(09)：4-12.

纳了学者们对于社会化阅读的基本阐释，挖掘出了社会化阅读存在的三种特性，即意愿分享、传播互动以及社群联系，构筑了社会化阅读的基本策略。冉华等①对社会化阅读的内涵进行了阐释，将其归纳为：在阅读过程中，阅读主体所出现的各种社会行为，也就是他们在思考的同时所建立起来的知识架构，构筑完善的阅读模式。刘艳②归纳了社会化阅读的基本特征，主要关注阅读平台、主体两个方面。同时，从阅读主体的数字足迹、互联网身份入手，明确了社会化阅读的有效模式、根本原因以及对存在的风险进行规避的有效策略。

（二）社会化阅读模式

为了让读者有更强的阅读意愿，增强他们的阅读体验，林艺山③通过"5W1H"法对阅读社区展开了系统的调研。在关注书籍、读者之间关系的同时，构筑了完善的、立体化的阅读生态思维，建立了包括推荐层、资源层、行为层在内的社会化阅读模型，有助于推进高校图书馆阅读摆脱原有的模式，向知识服务的角度转变。刘杰④对于社会化阅读进行了详细分析，了解了这一平台的特点，按照阅读平台的基本诉求，将阅读平台设计为四个部分，包括信息交流模块、用户信息监测模块、信息管理平台以及阅读检索模块，这些都有助于搭建完善的社会化阅读平台。刘艳⑤把社会化阅读和数字足迹精准结合起来，对当下图书馆阅读服务存在的劣势进行了分析，提出了优化社会化阅读的思维方式。也就是通过多元化平台持续完善社会化阅读的相关服务，通过读者的足迹让用户的画像更为完整，利用数字聚合、开设多种讲座让读者具备更高的数字素养。张超等⑥强调建设数字图书馆首先要确

---

① 冉华，钟娅．数字时代社会化阅读的价值再创与反思［J］．出版发行研究，2019（09）：87-90.

② 刘艳．社会化阅读主体的网络身份特点和数字足迹分析及其启示［J］．图书情报工作，2019，63(10)：21-30.

③ 林艺山．高校图书馆社会化阅读社区模式构建［J］．福州大学学报（哲学社会科学版），2020，34(03)：109-112.

④ 刘杰．数字图书馆社会化阅读平台构建研究［J］．河南图书馆学刊，2018，38（08）：120-121.

⑤ 刘艳．基于数字足迹的公共图书馆社会化阅读服务研究［J］．数字图书馆论坛，2018（11）：52-57.

⑥ 张超，甘为．社会化阅读背景下移动数字图书馆社交互动服务设计研究［J］．图书馆，2019(09)：80-84.

保互动服务的高效化，构建了相应的互动模型，其中主要包括三个层次，即交际互动、人书互动以及社区互动，让移动图书馆具备了明显的社交功能，这些都推动了社会化阅读服务的有序进行。李雁行等[①]对当下流行的阅读软件进行了分析，围绕社交服务、阅读界面、营销推广等综合分析，提出了社会化阅读是未来移动图书馆发展的导向，同时也提出了更为个性化的阅读模式。

二、智慧技术背景下图书馆社会化阅读模式构建的必要性

城市化的一个重要标志就是图书馆。最近这几年，互联网信息发展迅速，图书馆阅读与之前相比有了一定的减少。面对上述发展难题，管理者需要更新思维模式，优化经营理念，让图书馆业务有着更为广阔的发展未来，确保实现服务社会的发展目标。图书馆工作的一个核心是阅读服务。对于管理者而言，需要紧密围绕优化阅读服务的基本目标，通过智慧技术促进发展模式的更新。

智慧技术时代，多元化信息不断涌现，人与人之间的交流较之前发生了明显的改变，无论是社会工作的哪一个领域，都十分重视个体的综合应用能力，而不是一味地将多种成果相互叠加。因此，仅仅通过图书馆把握理论知识，难以更好地满足大众诉求。对于图书馆管理人员而言，需要面向公众，让公众需要的资源能够被及时提供，确保公众能够通过图书馆资源拓宽视野，提升智慧化水平。然而，之前的图书馆具有鲜明的特征：重视精神文化，却没有较强的实用性。鉴于社会竞争日趋激烈，大众通过图书馆获取的知识更多集中在促进自身职业成长方面，对于其他的资源需求较少。对于图书管理者而言，要改变传统的目标导向，践行社会化的基本理念，让社会和图书馆发展相互接轨，真正了解大众的诉求，选择与他们的需求最适合的阅读内容，其他则可作为辅助内容出现。

但是，除了改良内容，管理者还要践行社会化原则，将公众的诉求挖掘出来，让公众拥有更好的阅读体验。从传统的图书馆阅读来看，尽管其极富审美趣味，但是它单单利用书本向大众传递崇高的理想，没有办法与大众

---

① 李雁行，王志国．社会化阅读环境下移动阅读 App 对移动图书馆 App 建设的启示［J］．图书馆学研究，2014(20)：54-57.

建立紧密的联系。管理者在优化阅读内容之后，需要对传统的环境加以改变。利用多维化视角进行设计，挖掘资源优势，确保公众能够更好地开展审美内容互动。这种环境比单一的书本更能让人产生强烈的震撼。构筑完善的社会化服务平台是十分关键的。即确保管理者能够进行优化设计，对于整体目标进行构建，也能够让管理者针对潜在的问题做好预案，进行工作内容的及时调整，对成本进行合理管控，降低资源损耗，让图书馆在合理的轨道上运行，更好地实现智慧化运营的最终目标。

三、智慧技术背景下图书馆社会化阅读服务模式构建的具体策略

（一）转变传统思维，有效规划设计

图书馆管理者需要更新自我思维，将更多的精力放在了解有价值的信息上，特别是要正确认识市场企业的思维理念，了解公众生活的丰富性。因此，图书馆要对自身的阅读服务进行优化管理，动态监测，及时进行阅读内容的更新，确保阅读的方式不断创新，对馆员进行技能培训，为他们提供更多的学习渠道。管理者要能够对现代技术进行应用，发挥运营管理的知识力量，改变传统模式中角色单一化的问题，规划出未来图书馆业务发展的基本方向。要持续强化业务能力，不单单满足于阅读材料的供给，要提供内容更为丰富的阅读服务。对于图书管理者而言，要持续进行阅读推广，满足大众的基本诉求，深入挖掘图书馆的多方面特色，确保大众能够对图书馆产生深厚的感情，不单单是为了满足自身的知识需求，以深厚的情感进入图书馆，丰富自己的视野。管理者需要利用微博、微信等平台，通过多元化网络渠道将阅读的内容推广出去，实现更大的社会效益。必须要强调的是，不管是利用微博、微信；还是其他平台，不能只停留在口号上，要将其特色鲜明的一面展示给大众，让他们从中获得启发，与图书馆在平台上进行互动，使图书馆的社会化功能越发完善。因此，图书馆要提前对大众的诉求进行了解，针对不同性格、年龄的群体进行深化研究，利用多元化渠道将阅读内容推广出去。为了确保阅读更具特色，需要确保阅读内容的丰富性，综合现代化的阅读形式，把握电子书的优势，将大众感兴趣的书籍进行推广，及时进行调整与更新。此外，从图书馆陈列的角度来看，要立足于具体的阅读书籍，将大

众印象深刻的场景展示出来，让他们如临其境。同样，利用 DIY 进行创意产品的定制，促进实景渲染和个人体验的紧密结合，以使大众对图书馆更感兴趣。从管理者的角度而言，要更好地促进阅读信息和电子阅读的彼此联通，把握电子阅读的基本内容，实时与大众展开互动，对图书馆的布局进行调整，让图书馆拥有崭新的面貌。

(二) 拓展有效资源，完善系统预制

图书馆管理人员应该意识到，社会化的发展产生了图书馆，它为实现大众的权益而生。在促进社会阅读范围不断扩展的过程中，需要综合分析潜在的风险。这一风险不仅通过阅读服务来体现，尤为重要的是，它能够有效应对大众阅读所存在的诸多难题，图书馆予以针对性解决。图书馆不单单是一种实体工具，它更应该被看作一个智慧平台，与大众之间进行交流，让大众能够获得最佳的阅读方式。公众不再单单进行被动阅读，他们能够主动进行阅读方式的选择。要将多元化资源引进图书馆，确保图书馆拥有更高的智慧化水平。比如，通过“互联网 +”，构筑完善的图书馆系统管理机制，综合分析大众阅读的具体情况，利用技术进行受众信息的综合化处理，开展合理的分类，选择最佳的应对方案。

分析可知，现代化水平不断提高，对于图书馆而言，需要适时转型，改变原有的阅读服务形态，让图书馆的社会效益不断增加。

结束语

当下，我国图书馆建设凸显出智慧图书馆的重要性，这是理论研究的一个重要模块。对于智慧图书馆来说，要利用高新技术将不同的数据相互联系起来，这样能确保数据处理的方式更为多元，让阅读服务的品质更高。笔者通过研究，系统提出了强化图书馆建设的具体实现路径。

(一) 明确智慧图书馆的战略规划

建设智慧图书馆不是盲目的，不能单单依托社会实践强化探索。由于智慧图书馆的整体性较强，未来应该从政府与国家的层面制定区域性、全国性的图书馆发展战略。着眼于全局、依照地方差异，周密部署建设智慧图书馆的试点项目。从图书馆发展规划的全局着眼，明确智慧发展的主题。构筑与智慧图书馆发展相互适应的业务布局。了解不同部门的具体职责，设计出相应的路线图，明确具体的时间表，确保各项工作的开展更为有序。

(二) 以智能技术赋能图书馆事业发展

智慧图书馆建设的一个核心在于智能技术，它为智慧服务提供了根本性保障，也是未来图书馆建设的核心所在。图书馆建设的效率如何，怎样在最短的时间内赋能技术，是保障行业竞争力的一个核心。怎样把物联网、云计算、大数据、人工智能等技术更好地与智慧图书馆建设相结合，更好地实现智慧管理的根本目标，优化智慧服务的质量，是当前学界重点关注的问题。

(三) 提高馆员核心竞争力

智慧图书馆的主体是图书管理员，他们对于阅读质量的提升有着关键性作用。因此，馆员需要确保自身拥有较强的竞争力。其一，馆员需要更新自我认识，遵循读者为本的基本理念，让主动服务的思维得以彰显。其二，馆员要通过技术进行自我武装，了解人工智能、云计算等多种多样的专业知识，结合读者的偏好，提供更具个性化的服务。其三，馆员自身需要具备较强的情绪管理能力。读者的类型多样，馆员在面对复杂的工作内容时难免会产生情绪波动。为了确保所提供的阅读服务品质更高，馆员需要对自我情绪进行调节，耐心服务，热情工作。其四，馆员是智慧图书馆的主体，他们自身的创造力应该加强。在新技术的推动下，馆员从事的工作十分复杂，面对的读者类型也是千差万别的，因此必须具备创新观念，在复杂工作内容中将他们的个体魅力展示出来。

（四）加强馆际合作

社会对智慧图书馆给予了高度的关注。尽管区域之间存在一定的差异，但是不同的区域都是不可缺失的。要将不同的理念相互碰撞，挖掘出更具先进性的服务思维。要破除服务层面的阻碍，在不同图书馆之间构建服务综合体，确保阅读服务拥有更高的品质。要将智慧图书馆的优势发挥出来，组建专业化的智慧图书馆队伍，研究阅读服务的有关内容。此外，要强化和业界顶尖机构之间的合作，把握技术发展的前沿，邀请有关专家展开培训。最后，要高效分配基础设备，强化不同图书馆之间的合作，让智慧图书馆的服务品质不断提升。

图书馆的发展必然朝着智慧图书馆的方向，其发展始终绕不开阅读服务质量这一关键的考核要素。面对当下的时代环境，图书馆要持续推进阅读服务和智能技术之间的彼此融合，让自身的服务机制不断完善。通过阅读服务水平的提升，让更多读者能够真正体味到阅读的魅力所在。

参考文献

［1］丁明春，任恒．国内外智慧图书馆研究之概念脉络、热点主题及未来展望——基于 CiteSpace 的信息可视化分析［J］．图书馆理论与实践，2022(01)：99-107.

［2］卢凤玲．面向智慧图书馆的新一代图书馆服务平台发展研究［J］．图书馆理论与实践，2022(01)：108-114.

［3］孙鹏，车宝晶．我国高校智慧图书馆建设进展及策略研究［J］．图书馆工作与研究，2022(02)：30-36.

［4］江山．智慧图书馆要素研究及建设思考［J］．图书馆工作与研究，2022(02)：58-63.

［5］李爽．我国智慧图书馆研究进展可视化分析［J］．图书馆工作与研究，2022(02)：85-95.

［6］胡娟，柯平．我国智慧图书馆的发展现状与发展趋势研究［J］．图书馆建设，2022(02)：80-89+101.

［7］初景利，任娇菡，王译晗．从数字图书馆到智慧图书馆［J］．大学图书馆学报，2022，40(02)：52-58.

［8］魏大威，李志尧，刘晶晶等．基于区块链技术的智慧图书馆数字资源管理研究［J］．中国图书馆学报，2022，48(02)：4-12.

［9］刘炜．智慧图书馆十问［J］．图书馆理论与实践，2022(03)：1-6.

［10］吴政．智慧图书馆的本质、特征与实现路径［J］. 国家图书馆学刊，2022，31(03)：12-21.

［11］吕鲲，郭淳，罗星雨等．高校智慧图书馆信息服务生态系统构建及其系统动力学分析［J］．情报科学，2022，40(06)：44-51.

［12］王世伟．未来图书馆的新模式——智慧图书馆［J］．图书馆建设，2011(12)：1-5.

[13] 储节旺，李安 . 智慧图书馆的建设及其对技术和馆员的要求 [J]. 图书情报工作，2015，59(15)：27-34.

[14] 曾子明，金鹏 . 智慧图书馆个性化推荐服务体系及模式研究 [J]. 图书馆杂志，2015，34(12)：16-22.

[15] 陈鸿鹄 . 智能图书馆设计思想及结构初探 [J]. 现代情报，2006(01)：116-118.

[16] 李凯旋 . 人文视角下“智慧图书馆”定义的再思考 [J]. 图书馆界，2013(06)：14-16.

[17] 董晓霞，龚向阳，张若林等 . 智慧图书馆的定义、设计以及实现 [J]. 现代图书情报技术，2011(02)：76-80.

[18] 韩丽 . 物联网环境下智慧图书馆的特点、发展现状及前景展望 [J]. 现代情报，2012，32(05)：48-50+54.

[19] [美] 伊安·约翰逊，陈旭炎 . 智慧城市、智慧图书馆与智慧图书馆员 [J]. 图书馆杂志，2013，32(01)：4-7.

[20] 王华 . 智慧图书馆核心技术解构与展望 [J]. 科技情报开发与经济，2015，25(19)：13-14+17.

[21] 王悦辰 . 国内四大中文知识发现系统比较分析 [J]. 图书馆工作与研究，2015(09)：42-45.

[22] 王颖，张金磊，张宝辉 . 大规模网络开放课程（MOOC）典型项目特征分析及启示 [J]. 远程教育杂志，2013，31(04)：67-75.

[23] 柯平 . 关于智慧图书馆基本理论的思考 [J]. 国家图书馆学刊，2021，30(04)：3—13.

[24] 夏立新，白阳，张心怡 . 融合与重构：智慧图书馆发展新形态 [J]. 中国图书馆学报，2018，44(01)：35-49.

[25] 娄志俊 .RFID 图书管理系统研发及应用分析 [J]. 中外企业家，2019(17)：144.

[26] 李秀娥 . 高校图书馆自助借还服务模式研究——以郑州大学图书馆为研究对象 [J]. 河南科技，2014(13)：279-281.

[27] 秦红 .RFID 技术在图书馆应用的分析探讨 [J]. 现代情报，2009，29(06)：130-132.

[28]汤更生，李红岩．节能型图书馆建设初探——以郑州市图书馆为例[J]．图书馆学刊，2013，35(09)：15-19.

[29]李臻，姜海峰．图书馆移动服务变迁与走向泛在服务解决方案[J]．图书情报工作，2013，57(04)：32-38.

[30]刘彦丽．泛在信息环境下的智慧图书馆服务——以北京大学图书馆为例[J]．图书馆学刊，2014，36(07)：67-69.

[31]方建军，张晔．图书馆图书自动存取机器人的研究与应用[J]．图书馆建设，2012(07)：79-83.

[32]黄强．新时代智慧图书馆建设路径探究[J]．武汉船舶职业技术学院学报，2021，20(02)：132-134.

[33]张得森，蔡玉清，崔霞．基于物联网技术的智慧图书馆系统设计[J]．电子测试，2021(15)：91-92+25.

[34]祝业，张建平，王漩等．智慧图书馆服务平台建设的思考[J]．中华医学图书情报杂志，2018，27(06)：72-74.

[35]杨励卓．浅析计算机科学技术对智能生活的影响——以人工智能为切入[J]．数字通信世界，2018(01)：184-185.

[36]刘小彬．基于云计算的网络应用分析团．信息与电脑(理论版)，2017(08)：176-177.

[37]卢小宾，洪先锋，蒋玲．智慧图书馆数据标准体系研究[J]．图书情报知识，2021(04)：50-61.

[38]王方园．智能图书馆与智慧图书馆辨析——兼论图书馆未来发展路径[J]．图书馆学刊，2021，43(07)：1-5.

[39]段美珍，初景利，张冬荣等．智慧图书馆建设评价指标体系构建与解析[J]．图书情报工作，2021，65(14)：30-39.

[40]胡国强，马来宏．虚拟现实和增强现实在智慧图书馆的应用[J]．图书馆工作与研究，2017(09)：50-54.

[41]豆洪青，刘柏嵩．"互联网+"高校图书馆传统借阅服务探索——以宁波大学"智慧图书馆"App应用为例[J]．大学图书馆学报，2017，35(03)：53-58.

[42]胡雅凌．大数据挖掘下的图书馆智慧服务[M]．北京：北京工业

大学出版社，2018.

[43] 李小涛，邱均平，余厚强，等 . 论智慧图书馆与知识可视化 [J] . 情报资料工作，2014(01)：6-11.

[44] 陈嘉懿 . 智慧图书馆的构建之道——浅谈高校图书馆 RFID 技术应用新思路 [J] . 大学图书馆学报，2013，31(01)：54-58.

[45] 郑怿昕，包平 . 智慧图书馆理论与实践进展研究 [J] . 图书馆工作与研究，2015(07)：36-39.

[46] 田梅 . 基于关联主义学习理论的智慧图书馆服务模式构建 [J] . 图书馆学研究，2014(19)：46，64-67.

[47] 许天才，杨新涯，田琳 . 自主创新为主导的图书馆系统研发历程——以重庆大学图书馆为例 [J] . 图书馆论坛，2017，37(04)：9-17.

[48] 乌恩 . 智慧图书馆及其服务模式的构建 [J] . 情报资料工作，2012(05)：102-104.

[49] 李显志，邵波 . 国内智慧图书馆理论研究现状分析与对策 [J] . 图书馆杂志，2013，32(08)：12-17.

[50] 吴吉玲 . 数字图书馆与智慧图书馆比较研究 [J] . 情报资料工作，2015(02)：43-45.

[51] 陈远，许亮 . 面向用户泛在智慧服务的智慧图书馆构建 [J] . 图书馆杂志，2015，34(08)：4-9.

[52] 郎玉林 . 智慧图书馆发展策略研究 [J] . 图书馆，2015 (04)：77-79，84.

[53] 侯明艳 . 智慧图书馆环境下高校馆员的角色转变 [J] . 现代情报，2015，35(05)：165-167.

[54] 陈卫静 . 智慧图书馆在大数据环境下的智慧分析 [J] . 图书情报工作，2015，59(S2)：49-52.

[55] 张洁，袁辉 . 智慧图书馆系统支撑下的学科服务实践 [J] . 图书馆论坛，2017，37(07)：27-32.

[56] 蒋小峰 .2007—2016 年图书馆推荐书目服务研究综述 [J]. 新阅读，2019(10)：52-57.

[57]李清.新媒体时代图书馆的阅读引导模式探讨[J].智富时代，2018(10)：99.

[58]谢蓉，刘炜，赵珊珊.试论图书馆阅读推广理论的构建[J].中国图书馆学报，.2015(5)87-97.

[59]石继华.国外阅读推广的品牌化运作及启示[J].图书情报工作，2015，59(02)：56-60.

[60]朱玲玲，茆意宏，朱永凤等.图书馆员智慧服务动力机制的探索性研究[J].国家图书馆学刊，2020，29(06)：20-31.

[61]徐艳.高校图书馆移动阅读社会化服务的扎根研究[J].情报科学，2017，35(09)：49-53.

[62]姜莉莉.移动阅读服务在国内图书馆中的开展模式及发展[J].现代情报，2016，36(02)：125-128.

[63]薛静.趋势、定位、补充：图书馆移动阅读服务的理性思考[J].图书馆，2016(01)：13-18.

[64]林晓欣.基于“云图书馆+”的阅读推广和智慧化服务创新的机制与内容[J].图书馆理论与实践，2019(06)：29-37.

[65]杨帆，张红，薛尧予.基于核心业务系统的图书馆大数据平台构建策略研究[J].图书馆学研究，2017(06)：40-44，88.

[66]李蕾.第五代移动通信技术[J].通信世界，2016(10)：97.

[67]庞立华，张阳，任光亮等.5G无线通信系统信道建模的现状和挑战[J].电波科学学报，2017，32(05)：487-497.

[68]王辉.5G时代我国图书馆智慧服务发展研究[J].图书馆工作与研究，2020(05)：71-75.

[69]马秀峰，董同强.5G技术场域中的图书馆移动服务：特征与框架[J].图书馆学研究，2020(01)：2-6，15.

[70]董同强，唐晓旺.5G＋AI：构建“智能+”时代的新一代图书馆服务平台[J].图书馆学研究，2020(05)：81-86.

[71]刘炜，陈晨，张磊.5G与智慧图书馆建设[J].中国图书馆学报，2019(05)：42-50.

[72]王波.5G时代传统图书馆面临的挑战、机遇及应对策略[J].图

书馆研究，2020(01)：29-35.

[73] 莫启仪．从国外阅读社交网站看泛在阅读[J].21世纪图书馆，2015(05)：17-20.

[74] 钟雄．社会化阅读：阅读的未来[N]．中国新闻出版报，2011-05-12(06)．

[75] 毕秋敏，曾志勇，李明．移动阅读新模式：基于兴趣与社交的社会化阅读[J]．出版发行研究，2013(04)：49-52.

[76] 季丹，郭政，李武.Flow理论视角下的社会化阅读行为影响因素[J]．图书馆论坛，2020，40(05)：116-122.

[77] 刘艳．社会化阅读：含义、形态、功能、缺陷及其启示[J]．图书馆建设，2018(09)：4-12.

[78] 冉华，钟娅．数字时代社会化阅读的价值再创与反思[J]．出版发行研究，2019(09)：87-90.

[79] 刘艳．社会化阅读主体的网络身份特点和数字足迹分析及其启示[J]．图书情报工作，2019，63(10)：21-30.

[80] 林艺山．高校图书馆社会化阅读社区模式构建[J]．福州大学学报(哲学社会科学版)，2020，34(03)：109-112.

[81] 刘杰．数字图书馆社会化阅读平台构建研究[J].河南图书馆学刊，2018，38(08)：120-121.

[82] 刘艳．基于数字足迹的公共图书馆社会化阅读服务研究[J]．数字图书馆论坛，2018(11)：52-57.

[83] 张超，甘为．社会化阅读背景下移动数字图书馆社交互动服务设计研究[J]．图书馆，2019(09)：80-84.

[84] 李雁行，王志国．社会化阅读环境下移动阅读App对移动图书馆App建设的启示[J]．图书馆学研究，2014(20)：54-57.

[85] 严栋．智慧图书馆概论[M]．大连：辽宁师范大学出版社，2021.

[86] 张海波．智慧图书馆技术及应用[M]．石家庄：河北科学技术出版社，2020.

[87] 谢福明．智慧图书馆建设与应用研究[M]．长春：吉林出版集团股份有限公司，2021.

［88］《图书情报工作》杂志社．智慧城市与智慧图书馆［M］．北京：海洋出版社，2018.

［89］周娜，戴萍．高校智慧图书馆知识服务研究［M］．北京：中国国际广播出版社，2020.

［90］杨灿明．高校智慧图书馆服务创新研究［M］．长春：吉林科学技术出版社，2020.

［91］曹静．高校智慧图书馆建设与应用研究［M］．北京：中国商务出版社，2019.

［92］傅春平．公共图书馆智慧服务的探索与实践［M］．广州：世界图书出版广东有限公司，2020.

［93］郑辉，赵晓丹．现代公共图书馆智慧服务平台建构研究［M］．长春：吉林人民出版社，2020.

［94］《智慧图书馆探索与实践》编委会．智慧图书馆探索与实践［M］．北京：国家图书馆出版社，2021.

［95］吴爱芝．大数据时代高校图书馆智慧化学科服务研究［M］．北京：海洋出版社，2018.

［96］杨永华．智慧时代高校图书馆服务创新与发展研究［M］．北京：原子能出版社，2020.